Ingelid Brand

Kreatives Spielen

Entwicklungsförderung mit dem Pertra-Spielsatz

 verlag modernes lernen - Dortmund

Zeichnungen:
Dannecker, Erdmuth

Fotos:
Brand, Ingelid

© verlag modernes lernen
4.1988
verlag modernes lernen Borgmann KG — D - 4600 Dortmund 1
Gesamtherstellung: Löer Druck GmbH, Dortmund 1

 Bestell-Nr. 1131   ISBN 3-8080-0143-7

Inhalt

Einleitung

Das vorliegende Buch soll *kein Übungs- und Trainingsprogramm* zur Entwicklungsförderung oder gar zu einzelren Wahrnehmungsbereichen darstellen. Vielmehr möchte es bestimmte Strukturen der kindlichen Entwicklung aufzeigen und diese in eine Ordnung bringen. Anhand dieser Ordnung stellt es gezielt solche Spielmöglichkeiten mit einem gegebenen Material vor, die entwicklungsfördernd wirken. Diese Angebote dürfen *nur* als *Vorschläge* gewertet werden. Sie sollen Zielrichtungen klar machen. In ihrer Ausführung müssen sie aber vom Kind immer wieder neu erfunden und gestaltet werden.

Zum Verständnis des systematischen Aufbaues der Spiele ist es notwendig, den theoretischen Teil des Buches zu lesen und sich, je nach Bedürfnislage, in einzelne angesprochene Teilbereiche we ter einzuarbeiten. Auch sollte jeder Erwachsene erst einmal selbst (ohne Anleitung) kreativ mit dem Pertra-Spielsatz umgehen und „spielen", bevor er einem Kind dieses Material anbietet.

Die Angaben über weiterführende Literatur, vorhandene Förderprogramme und Arbeitsmaterialien, die zusätzlichen Materiallisten und die Vorschläge zur Weiterarbeit am und mit dem Spielsatz sollen alle anregen, dieses umfangreiche Spielmaterial näher kennenzulernen, gezielt und gleichzeitig phantasievoll und kreativ einzusetzen, oder aber neue Anregungen und Ideen zu erhalten und selber einzubringen.

Dem Hersteller des Pertra-Spielsatzes, Herrn Hoerz aus Münsingen, sei an dieser Stelle herzlich für seine Beratung und Hilfe gedankt. Ebenso gilt der Dank allen Kindern, die mit viel Neugier und Phantasie das Material erkundet, hart getestet und kreativ verändert haben. Die meisten Spielideen in diesem Buch stammen vorwiegend von ihnen und wurden nur beschrieben und geordnet.

8

1. Kreativität und Spiel

1.1 Kreativität

Kreativität bezeichnet die Fähigkeit des Menschen, neue Ideen und Denkergebnisse zu entwickeln, die dem einzelnen oder der Gesellschaft bisher weithin unbekannt waren. Kreativität meint damit eine gewisse Begabung, eine Geisteshaltung, wie auch die Verwendung besonderer schöpferischer Techniken. Kreativität ist nicht von Intelligenz abhängig. Sie kann vielmehr in gewissem Maße geübt und gelernt werden. Kreatives Denken und Handeln benötigt Vorbild, Anregung und Förderung in kreativem Umfeld.

Kreativität kann sich nur entwickeln, wenn es der äußere Rahmen zuläßt. Eine angstfreie, nicht autoritäre Umgebung, das Ernstnehmen des Partners, auch des Kindes, gegenseitige Anregung, Hilfestellung und Zuwendung sind wichtige Voraussetzungen zur Förderung von Kreativität. Eigeninitiative, Selbsttätigkeit, Experimentieren, Hypothesenbildung und Einfallsreichtum müssen angeregt werden, auch wenn sie zu keinem oder einem „falschen" Ergebnis führen. Spiel- und Förderangebote für Kinder sollten daher möglichst wenige festgelegte Regeln oder Durchführungsvorschriften enthalten. Kreativitätsfördernde Lernorganisation schafft vielmehr offenen Freiraum für eigenes Experimentieren (Suchen-Lösen-Verwirklichen). Der Erzieher wird vorwiegend planend, vor-organisierend, beobachtend, steuernd und beratend tätig.

Kreative Ideen und Einfälle werden beim Kind großenteils durch tatsächlich vorhandene Gegenstände oder durch selbst erlebte reale Situationen angeregt. Kinder benötigen daher sichtbar angeordnete Materialien, die möglichst viele Sinne ansprechen, zu motorischen Aktivitäten herausfordern, wie auch zu sozialem Handeln und Erfahren motivieren. Diese Materialien sollten das Kind aber nicht durch ihre Menge und Reizfülle erdrücken. Vielmehr müssen wenige gute Spielmaterialien die Phantasie so stark anregen, daß eine möglichst lange und intensive kreative Beschäftigung mit ihnen immer wieder lohnend erscheint. Auch der Erwachsene benötigt als „Erzieher-Vorbild" eine kreative Haltung und Einstellung. Er muß selber „kreativ" denken und handeln oder er muß es neu erlernen. Er muß sich kreativ mit seiner Umwelt auseinandersetzen. Nur durch eigenes Experimentieren, durch kreative „Fehlschläge" oder persönliche „schöpferische" Lösungen gelingt es ihm, neue Ideen zu verwirklichen, Zutrauen zu und Sicherheit in die eigenen kreativen Kräfte und Möglichkeiten zu erlangen. Nur so findet er auch kreativitätsanregende Spielangebote für Kinder, kann die natürlich vorhandene kindliche Neugier, Phantasie und Kreativität ausbauen und sie gleichzeitig zur Entwicklungsförderung einsetzen. Er versteht kindliche Kreativität besser und kann daher Kindern angemessener in ihrer Entwicklung weiterhelfen.

1.2 Spiel

Dem Begriff „Spiel" wird von Erwachsenen eine sehr unterschiedliche Bedeutung zugemessen: Spiel stelle einen Prozeß dar, sei Ausdruck, Mittel, Übung, Recht,

Identifikation, Distanzierung, Befreiung etc. Für das Kind beinhaltet Spielen grundsätzlich eine wichtige Existenzform.

Spiel wird nach *Heckhausen* (1978) vor allem durch die äußere Zweckfreiheit gekennzeichnet. Kinder verfolgen bei ihrer spielenden Tätigkeit nur solche Zwecke, die in dem Spiel selber enthalten sind und die es handlungsorientiert steuern. Das Kind spielt also aus freiem, eigenem Antrieb. Es experimentiert und sucht Lösungen. Es spielt um des Spielens willen. Es kann aber auch Spiele jederzeit abbrechen, da es sich nur um subjektiv verbindliche Aufgaben handelt. Das spielmotivierte Kind möchte diese allerdings meist auch zu Ende führen.

Die Motivation zum Spielen entsteht durch den Reiz des Neuen und Unbekannten im Spielangebot, durch den Überraschungsgehalt und die Verwickeltheit im Spielablauf, aber auch durch die Ungewißheit und Spannung des Spielausganges, d.h. durch den ständigen Wechsel von Spannung und Lösung. Kinder spielen gerne, wenn sie Spielangebot, Spielgerät, Spielziel, Spielzeitraum und Spielgruppe/-partner selber bestimmen können. Sie lassen sich fesseln, wenn das Spiel unmittelbar auf ihr eigenes Handeln zurückwirkt, wenn es dadurch eine starke Akzentuierung und eine schnelle Abfolge von Aktivitäten zuläßt, wenn es oft wiederholbar ist.

Spiel ist auf den Augenblick konzentriert. Vor allem das jüngere Kind plant keinen Spielablauf. Es fragt nicht nach Hintergründen und Verflechtungen. Spiel stellt für es zunächst nur eine aktive handelnde Auseinandersetzung mit den Funktionen seines eigenen Körpers und seiner Umwelt dar. Später entdeckt das Kind materialbezogene Spiele. Im Bau- und Konstruktionsspiel erlebt es mechanische und statische Zusammenhänge und Gesetzmäßigkeiten. Im Rollenspiel durchlebt es seine soziale Umwelt und übt verschiedene Formen des Sozialverhaltens. Es erwirbt Toleranz, Flexibilität, Selbstvertrauen und Vertrauen zum Partner. Im späten Vorschulalter und im Schulalter wird das Kind fähig, planmäßig und längerfristig zu spielen. Es kann sein spielerisches Vorgehen zweckmäßig ausrichten. Spiele mit eigenen und übernommenen Regeln werden möglich. Der Spielraum vergrößert sich jetzt zusehends.

Das Kind wird im Spiel ganzheitlich angesprochen und beansprucht. Es wird körperlich und geistig aktiv. Spiel stellt daher die dem Kind entsprechende Form des Lernens dar. Spielen ermöglicht ihm das langsame Hineinwachsen in seine Lebenswelt, den Erwerb von notwendigen Einstellungen und Verhaltensweisen, die es zu seiner Lebensbewältigung benötigt. Die soziale, emotionale, motorische und kognitive Entwicklung wird angeregt.

Angemessene, individuell ausgerichtete Spielangebote fördern die Entwicklung des Kindes, wenn sie nicht in „verschulter" Form angeboten werden. Das Kind sollte daher Spielzeit, Spielraum, Spielgegenstände und Spielpartner möglichst selber wählen dürfen. Der Erwachsene bejaht das Spiel des Kindes. Initiierte Spielformen werden improvisierbar und offen gehalten. Spielabläufe sollten nachahmbar und oft wiederholbar sein. Spielregeln müssen schnell veränderbar sein. Lösungen lassen einen offenen Ausgang in verschiedene Richtungen zu.

Auch Übung und Training können „Spiel-" Charakter annehmen. Sie müssen dann aber in ihrer Ausführung die wesentlichen Momente des Spieles übernehmen. Durch geschickte Auswahl von Spielsituation und Spielmaterial wird z.b. dem Kind einzig der Anreiz für eine bestimmte Spielrichtung vorgegeben. Das Kind aber verfolgt aus eigenem Antrieb dieses ausgewählte Reizangebot und versucht, das enthaltene Ziel beständig zu erreichen.

Viele pädagogische Aufgabenstellungen werden als „Spiel-Aufgaben" ausgewiesen. Ziel und Zweck dieser Spiele werden dabei jedoch meist nicht vom Kind selber bestimmt, sondern sind ihm durch das vorgelegte Spielangebot vorgegeben. Der handelnde Umgang mit evtl. sogar selbst gewähltem Material, der zeitlich und inhaltlich offene Lösungsweg, die Zielkontrolle durch Situation und/oder Material bleiben jedoch oft erhalten. Kinder können daher auch solche „Aufgaben" zu ihren eigenen Lern-„Spielen" umfunktionieren und sie als „ihre" selbstgewählten „Spiele" annehmen.

2. Die kindliche Entwicklung

Entwicklung wird als „Veränderung von Merkmalen und Funktionen" (*Burgmayer*, 1986) in Abhängigkeit vom Lebensalter gesehen (*Kessen*, 1986). Reifungsvorgänge und Lernerfahrungen sind dabei jene Prozesse, die Entwicklung anregen und zur Folge haben.

2.1 Aspekte der kindlichen Entwicklung

2.1.1 Wachstum, Differenzierung, Integration

Die Entwicklung des Menschen beruht auf den Grundvorgängen Wachstum Differenzierung und Integration. Zwischen diesen Vorgängen besteht ein enger Zusammenhang: Das Wachstum bringt und fördert die Differenzierung, gleichzeitig bremst aber auch die zunehmende Differenzierung das Wachstum. Durch Integration beugt der Organismus einem möglichen Verlust an Einheit als Folge der Differenzierung vor. Diese Vorgänge sind in der gesamten Entwicklung eng verknüpft und nie voneinander zu trennen.

In der frühen Kindheit ist das Wachstum ungehemmter als später. Durch Zellteilung entstehen z.b. Zellverbände, Organe und Organsysteme. Diese spezialisieren sich jedoch sehr bald, um verschiedenartige Funktionen zu übernehmen. Äußerst differenzierte Systeme entstehen, die aber nur gemeinsam gut funktionieren können. Je ausgereifter ein System ist, desto störanfälliger wird es auch. Bahnen im Gehirn sind jetzt festgelegt und nicht mehr für andere Funktionen verwendbar. Im Erwachsenenalter ist das Wachstum abgeschlossen, die Wachstumsenergie und -kraft sind jedoch nicht erloschen.

2.1.2 Plastizität und Stimulation des Zentralnervensystems

Die kindliche Entwicklung ist geprägt durch eine anfänglich sehr hohe Plastizität des Gehirns. Diese ist in den ersten Lebensmonaten durch die enorme Teilungsfähigkeit der Nervenzellen am größten, nimmt jedoch mit zunehmendem Alter stetig ab. Bereits mit zehn Jahren ist die neurologische Organisation weitgehend abgeschlossen. Die Plastizität des Gehirns bedingt eine An- und „Um"-passungsfähigkeit des Organismus an äußere Einflüsse. Die Entwicklung des kindlichen Gehirns folgt dabei in seiner ersten Periode „einer nahezu vorhersagbaren Fähigkeit des Lernens in Abhängigkeit von seiner Reifung und der Stimulation durch die Umwelt" (*Flehmig*, 1983).

Die Deprivationsforschung betont in diesem Zusammenhang die Bedeutung der Stimulation durch die Umwelt für die sensorische und emotionale Entwicklung des Kindes, wie auch für dessen spätere Aktionsmöglichkeiten. In der kindlichen Entwicklung beeinflussen nach *Burgmayer* (1986) vorhandene Hirnstrukturen das Lernen, und dies wiederum zeigt Auswirkungen auf die Weiterentwicklung neuer Hirnstrukturen.

Dank der hohen Plastizität des Gehirns scheint der Säugling noch eine Vielzahl von Mechanismen zur Selbstregulation zu besitzen, welche die Abweichungen von der normalen Entwicklung teilweise kompensieren können. Diese Mechanismen können durch die Umwelt des Kindes angeregt oder auch verhindert werden. Frühzeitige Förderung eines Kindes, d.h. angemessene Förderung von Geburt an, sollte daher unerläßliche Pflicht aller Eltern und Erzieher sein.

2.1.3 Integrationsfähigkeit des Zentralnervensystems

Das kindliche Gehirn benötigt zu seiner Entwicklung nicht nur Stimulation. Die ständig einlaufenden Informationen aus dem eigenen Körper und der Umwelt müssen auch gefiltert, organisiert und damit integriert werden. Das Gehirn muß also viele Reize hemmen, um das Nervensystem vor Informationsüberflutung zu bewahren (*Brand/Breitenbach/Maisel*, 1985). Gleichzeitig müssen möglichst viele Sinneskanäle bei der Informationsaufnahme benutzt werden, um eine optimale Gehirnentwicklung und damit Entwicklung der Lernfähigkeit zu gewährleisten. Nur bei gut funktionierendem und altersgemäß entwickeltem Integrationsvermögen gelingt es dem Kind, eine ausreichende, umfassende sensible Wahrnehmung zu entfalten. Es kann damit adaptiv, d.h. sinnvoll, exakt und der Situation angemessen reagieren.

Ayres (1984) bezeichnet mit sensorischer Integrationsfähigkeit die sinnvolle Aufgliederung und Ordnung von Sinneserregungen, um diese nutzen zu können. Diese Nutzung kann in einer Wahrnehmung oder in einer Erfassung des eigenen Körpers oder der Umwelt bestehen. Sie kann eine Anpassungsreaktion oder einen Lernprozeß darstellen oder aber die Entwicklung neuraler Tätigkeiten ausmachen. Durch die sensorische Integration wird erreicht, daß all jene Abschnitte des zentralen Nervensystems zusammenarbeiten, die notwendig sind, damit sich ein Mensch sinnvoll mit seiner Umgebung auseinandersetzen kann und dabei eine angemessene Befriedigung erfährt.

Entwicklungs- und Lernstörungen haben oft ihre Ursache in einer gestörten Integrationsfähigkeit des Zentralen Nervensystems. Reize aus den gleichen Sinneskanal können nicht integriert, mit Eindrücken aus anderen Sinneskanälen verbunden oder zeitlich, d.h. serial, geordnet und behalten werden. Eine solche Integrationsstörung schließt in Anlehnung an *Graichen* (1981) atomistische und ganzheitliche Gesichtspunkte ein. Sowohl Funktionen des gesamten Zentralen Nervensystems als auch Teilfunktionen werden als integrierte und organisierte Aktivitäten verschiedener Hirnzonen verstanden. Integrationsstörungen bedeuten daher nach *Burgmayer* (1986) das nicht adäquate Funktionieren der Teile des Gesamtsystems.

Eine Integrationsstörung beeinträchtigt oder verhindert bereits in sehr frühem Alter alles weitere Lernen. Sie stellt eine Behinderung elementarer Lernprozesse dar und bewirkt so eine Entwicklungsverzögerung, die sich spätestens beim Erlernen der Kulturtechniken negativ bemerkbar macht. Ihr sollte daher möglichst frühzeitig durch entsprechende Spielangebote, wie auch durch ein gezieltes Förderangebot vorgebeugt bzw. begegnet werden.

2.1.4 Organisation und Adaption von Erfahrung

Für die Entwicklung sind neurophysiologische Prozesse, wie auch Prozesse der Organisation und Adaption von Erfahrungen in der Auseinandersetzung mit der Umwelt bedeutsam. Entwicklung kann dabei als Stufenprozeß gesehen werden. Auf das Kind strömen immerzu Reize ein. Es lernt nun, mit einer bestimmten Verarbeitungsmethode vielerlei Probleme steigender Schwierigkeit zu lösen. Durch die dabei gemachten Erfahrungen gelangt das Kind allmählich zu einem neuen Lösungsprinzip. „Dieses neue Prinzip bildet die Basis für eine neue komplexere Methode der Datenverarbeitung" (*Kephart*, 1977), d.h. für eine neue Entwicklungsstufe. Dabei sind sowohl die qualitativen, wie auch die quantitativen Entwicklungsphasen wichtig.

Piaget (1969) beschreibt diesen Vorgang der Adaption als Assimilation (Inbesitznahme der Umwelt), Akkomodation (erfahrungsbedingte Änderung von Plänen) und Äquilibration (Erkennen als innere Selbststeuerung). Organisation bedeutet für ihn einen Funktionsprozeß, der Handlung und Verhalten steuert und reguliert (*Scherler*, 1979). Entwicklung verläuft aus dieser Sicht kontinuierlich vorwärts. Einmal gemachte „Fort-Schritte" können nicht mehr rückgängig gemacht werden. Alte bekannte Strukturen im Zentralnervensystem des Kindes werden nämlich durch Lernerfahrungen in neue komplexere Muster, Strukturen und Funktionen integriert, sie werden dabei aber nicht gelöscht.

2.1.5 Bewegung, Motorik

Die gesamte kindliche Entwicklung ist eng verbunden mit der Entwicklung der Motorik. Nur durch Bewegung, d.h. durch motorische Aktion oder Reaktion, kann sich das Kind mit seiner Umwelt auseinandersetzen, diese erfahren und begreifen. Das Kind verbessert ständig seine motorischen Fähigkeiten. Es wird dadurch unabhängiger und kann sich an soziale Gegebenheiten besser anpassen. Ziel der Bewegungsentwicklung ist nach *Schilling* (1981) die Fähigkeit, sich selbst und seine Umwelt optimal zu beherrschen und gleichzeitig die Bewegung als Kommunikationsmittel im sozialen Bereich einsetzen zu können.

Alle Entwicklungsbereiche des Kindes, wie Kognition, Sensorik, Emotion, Sprache und Soziabilität, stehen dabei immer mit motorischen Abläufen in unmittelbarer Wechselbeziehung. Allerdings sind gerade in der frühen Kindheit alle Bereiche nahezu gleichwertig. Treten Störungen in einem Entwicklungsbereich auf, beeinflussen diese Störungen auch andere Bereiche. Meist äußern sich solche Störungen wiederum in motorischen Reaktionen und Verhaltensweisen, wie z.B. Kopf- oder Körperhaltung, Mimik, Sprache usw.

Bewegung und Wahrnehmung sind besonders eng miteinander verbunden. Sie bedingen sich dabei gegenseitig im Sinne biologischer Einheiten, den sensomotorischen Regelkreisen (vergl. *Piaget*, 1972). Sensomotorische Wahrnehmungen aus den Extero- und Propriozeptoren von Haut, Sehnen, Muskeln, Gelenken und aus dem Vestibulärsystem, wie auch aus deren Verbindungen untereinander und zu dem visuellen und auditiven System stellen die Grundlage für eine angemessene motorische Reaktion, d.h. eine optimale Bewegung dar. Die sensorischen Daten aus allen Sinneskanälen werden der jeweiligen Bewegung, d.h. den motorischen Daten zugeordnet. Die motorischen Informationen bilden den Kern, auf den alle Einzeldaten aus den Wahrnehmungsbereichen bezogen werden (*Brand/Breitenbach/Maisel*, 1987). Bewegung regt wiederum die sensomotorische Wahrnehmung an.

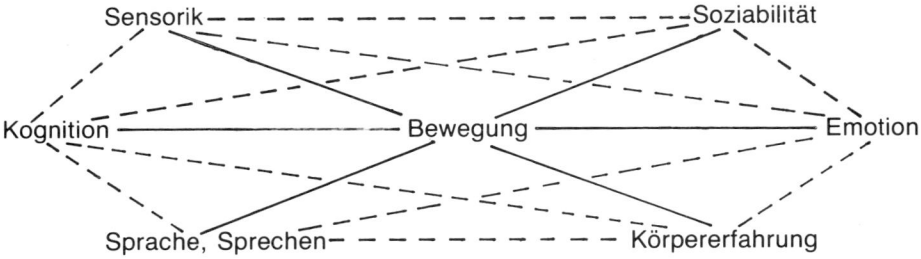

(Nach *Haupt*, 1985 und *Grohnfeld*, 1982)

Motorische Leistung stellt nach *Christian* (1952) nicht das Ergebnis funktionssicher gewordener Organe dar. Sie gelingt vielmehr nur durch Inanspruchnahme gut funktionierender sensomotorischer Systeme, d.h. bei gut funktionierender Integrationsfähigkeit des Gehirns. *Schilling* (1981) betont die Abhängigkeit des motorischen Entwicklungsstandes nicht nur von Reifung und Wachstum, sondern vor allem von vorherrschenden Umweltbedingungen. Störungen in der Wechselbeziehung Bewegung-Wahrnehmung-Reizverarbeitung können zu allgemeiner Entwicklungsverzögerung oder sogar bleibender Behinderung, zu emotionalen und sozialen Problemen führen.

Vojta (1981) sieht motorische Entwicklung als einen Prozeß der Aufrichtung des Körpers gegen die Schwerkraft. Die Bewegungsentwicklung baut dabei auf der Tonusregulierung auf, die durch einen fein abgestimmten Regulationsmechanismus phylogenetisch ältere Hirnteile hemmt und höher integrierte Hirnzentren stimuliert. Der Aufrichtungsprozeß besteht vorwiegend aus zweckmäßig gerichteten Veränderungen der Stützfunktionen der oberen und unteren Extremitäten. Ziel dieser ständigen Veränderung ist eine zunehmende Verbesserung der Orientierung des Kindes.

Motorische Entwicklung verläuft nach *Mussen/Conger* und *Kagan* (1976) von den zentralen Körperabschnitten zu den peripheren hin. Die obere Körperhälfte wird früher als die untere funktionstüchtig, d.h. grobe Bewegungen werden allmählich durch feinere, differenzierte Bewegungen ersetzt.

Nach *Kiphard* (1979) kann die Bewegungsentwicklung auch unter den Teilaspekten Neuromotorik, Sensomotorik, Psychomotorik und Soziomotorik betrachtet werden.

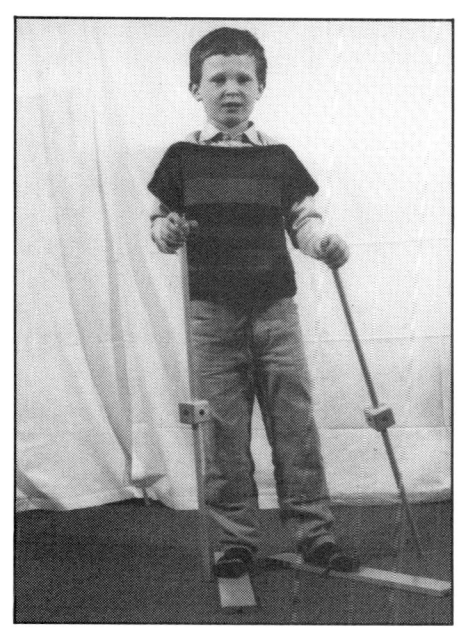

Einen wichtigen Aspekt der Bewegung stellt die *Praxie* dar. Sie beinhaltet die Fähigkeit, „zweckmäßige Handlungsabläufe zu planen und zu lenken" (*Brand/Breitenbach/Maisel*, 1985). Dabei müssen Einzelbewegungen in eine richtige zeitliche Reihenfolge gebracht werden, um ein bestimmtes Ergebnis zu erzielen. Voraussetzung für Praxie ist eine gute Integrationsfähigkeit des Kindes in allen Wahrnehmungssystemen, wie auch eine angemessene Speicherfähigkeit für sensomotorische Informationen. Dyspraxie äußert sich in der mangelnden Fähigkeit, trotz intakter organischer Funktionen zweckmäßige Bewegungsfolgen nicht oder nur eingeschränkt planen und ausführen zu können.

2.1.6 Wahrnehmung

Wahrnehmung oder Perzeption meint die Aufnahme und zentrale Verarbeitung von Reizen. Sinnesorgane vermitteln Informationen aus dem eigenen Körper und der Umwelt, die von dem Zentralen Nervensystem verarbeitet werden. Voraussetzung einer zunehmenden Differenzierung der Wahrnehmungsfähigkeit ist das gute Funktionieren der peripheren Organe und des Zentralnervensystems, vor allem aber eine ausreichende sensorische Anregung. Wahrnehmen stellt einen aktiven Prozeß dar. Das Kind lernt, aus der großen Menge von einströmenden Reizen bestimmte, für es wichtige Reize auszuwählen, sie zu verarbeiten, andere für es unbedeutsame Reize aber zu hemmen. Diese aktive Reizauswahl ist „in starkem Maße von der Erfahrung, der Lernfähigkeit, der Motivation und Aufmerksamkeitshaltung des Individuums und der Organisation der ZNS abhängig" (*Brand/Breitenbach/Maisel*, 1985).

Die Entwicklung der Wahrnehmungsfähigkeit beginnt bereits im Mutterleib. Im Zusammenhang mit aktiver Bewegung werden die Sinnesorgane zu den eigentlichen Wahrnehmungssystemen, die Informationen gewinnen. Die ersten voll ausgereiften Wahrnehmungssysteme stellen die Nahsinne dar: Tastsinn, Gleichgewichtssinn, Extero- und Propriozeption, Geruchs- und Geschmackssinn. Diese Systeme sprechen vor allem Hirnstammfunktionen an. Durch die Fernsinne, den Hör- und Sehsinn, kann das Kind aus größerer Entfernung Informationen aufnehmen und verarbeiten, ohne daß es den Wahrnehmungsgegenstand unmittelbar vor sich haben muß. Diese Perzeptionssysteme werden vorwiegend kortikal gesteuert und entwickeln sich daher in ihrem Zusammenspiel mit den anderen Systemen später als die Nahsinne.

Affolter und *Stricker* (1980) sehen Wahrnehmung zunächst als Organisation von Informationen in einem Sinnesbereich (modale Wahrnehmung). Dann werden Informationen aus verschiedenen Sinnesbereichen verbunden (intermodale Wahrnehmung) und schließlich in Sequenzen und Serien eingeteilt und aneinandergereiht (seriale Wahrnehmung).

Bereits in sehr frühem Alter entwickeln sich beim Kind durch Bewegung die Figur-Grund-Wahrnehmung und die Wahrnehmungskonstanz als zwei wesentliche Phänomene der Wahrnehmung.

Zeigt ein Kind Wahrnehmungsstörungen, so kann es die Eigenschaften bestimmter Reize schlecht erkennen, unterscheiden, verarbeiten und behalten. Es nimmt meist nur einen Teil der wichtigen Reizeigenschaften wahr oder es zeigt sehr schwankende Aufmerksamkeit, wenn es Einzelheiten von Reizen wahrnehmen soll.

Wahrnehmungsstörungen können sich in allen Sinnesbereichen und bei allen Wahrnehmungsphänomenen zeigen. Meist treten diese Störungen in den verschiedensten Kombinationen auf. Eine genaue Abklärung ist daher so bald als möglich notwendig, um eine gezielte Förderung anzusetzen.

2.1.7 Weitere Aspekte

Entwicklung und Lernen sind von verschiedenen weiteren Faktoren abhängig:

Aufmerksamkeit (Vigilanz) ist notwendig, damit der Organismus direkt und angemessen auf Informationen, d.h. Reize aus dem eigenen Körper und der Umwelt, reagieren kann. Vigilanz meint dabei nach *Elsert* (1981) jene zentralen Vorgänge, die für Verhaltensleistungen verantwortlich sind.

Zwei Aspekte der Aufmerksamkeit sind wichtig: Die selektive Aufmerksamkeit, die sich auf ein kurzes Ereignis konzentriert, und die Daueraufmerksamkeit, die über einen längeren Zeitraum hinweg Signalerkennen und -beantworten ermöglicht.

Schwankungen oder Störungen der Vigilanz können sich z.B. als Konzentrationsstörung, Hyperaktivität, Figur-Grund-Störung, Lernbehinderung oder auch in Passivität oder Bewegungsarmut äußern.

Gedächtnis und Lernen stellen die Grundlage für differenziertes, angemessenes Handeln und Verhalten dar. Diese Fähigkeiten bilden sich erst im Laufe der Kindheit heraus und sind notwendige Voraussetzung für eine erfolgreiche Sozialisation des Kindes. Gedächtnis und Lernen sind stark abhängig von Wahrnehmungsfähigkeit, Motivation, momentaner Bedürfnislage, emotionaler Gestimmtheit, Alter, Art und Häufigkeit des Reizes. Hemmprozesse spielen eine wichtige Rolle in der Entwicklung dieser Fähigkeiten. Bewegung erleichtert dem Kind den Lern- und Speichervorgang erheblich.

Störungen von Gedächtnis und Lernen können z.B. durch eingeschränkte Wahrnehmungsfähigkeit oder gestörte Motorik ausgelöst werden. Die Aufnahme von Information ist in diesen Fällen verringert. Es stehen dem Gehirn daher in seinem Zwischen- und Langzeitspeicher zu wenig Vergleichsmöglichkeiten zur Verfügung, um eingehende Reize angemessen integrieren und damit auf sie adaptiv reagieren zu können.

Informationen können aber auch falsch kodiert werden. Sie werden in diesem Falle unter falschen Oberbegriffen oder auch als Einzelinformationen gespeichert, und sind daher bei Bedarf nicht schnell genug verfüg- und abrufbar. Gespeichertes Material wird falsch verglichen. Es kommt zu Fehlentscheidungen im Kurz- und Zwischenspeicher. Ebenso verhindert oft eine zu rasche Weiterleitung von falsch kodierter Information in den Langzeitspeicher den sinnvollen Einbau neuer Information. Die Speicherfähigkeit und die Abrufbarkeit der einzelnen Speicher kann auch generell gemindert sein.

Kognitive Funktionen ermöglichen die sinnvolle Bewältigung von nicht geläufigen Situationen. Sie stellen nach *Schmidt* (1981) vorwiegend kein erlernbares Verhalten dar. Vielmehr beinhalten sie vor allem allgemeine Lernfähigkeit und die Fähigkeit, Gelerntes in neue Situationen zu übertragen und es dort angemessen einzusetzen. Hierfür sind wiederum Aufmerksamkeit und Gedächtnisfunktionen notwendig. Denken und Intelligenz hängen im Kindesalter eng mit motorischen und perzeptiven Fähigkeiten zusammen. Auch das Symbol- und Sprachverständnis ist in dieser Entwicklungsstufe nicht von kognitiven Funktionen trennbar. Störungen von Intelligenz und Denken können sich u.a. als allgemeine Entwicklungsverzögerung, Sprachstörung, Wahrnehmungsstörung, motorische Störung, als Rückstand in der sensomotorischen Entwicklung (sie ermöglicht die Repräsentation der Umwelt in Objektbegriffen), oder als emotionale Störung äußern.

Sprache (und Sprechen) stellt ein spezifisch menschliches Kommunikationsmittel dar. Sie ist eng mit der Entwicklung des Kindes verbunden. Über das Betasten und Begreifen der Umwelt erlernt das Kind Sprache und Sprechen. Nur das handelnde, aktive Umgehen ermöglicht ihm den Erwerb von Begriffen und anderen Sprachinhalten. Sprache ist aber auch stark abhängig von psychosozialen Einflüssen, wie nichtsprachlicher und sprachlicher Anregung, emotionaler Zuwendung, motorischer, perzeptiver und kognitiver Förderung. Störungen in der Sprachentwicklung können sich in mangelhafter Sprachproduktion, in nicht altersgemäßem Sprachverständnis oder als Kommunikationsstörung äußern.

Motivation zeigt sich meist auf der Verhaltensebene. Sie stellt den „Motor" und Antrieb für die Ausführung bestimmter Handlungen dar. Je größer die Motivation ist, um so wahrscheinlicher wird eine Handlung begonnen und/oder fortgeführt.

Motivation kann mit vegetativen Reaktionen (z.B. Hormonausschüttungen) verbunden sein. Immer ist sie begleitet von **Emotionen**. Die Entwicklung einzelner spezifischer Emotionen beruht auf einer gegenseitigen Wirkung von Reifungsprozessen des zentralen und vegetativen Nervensystems. Störungen können sich z.B. als Störungen des Spielverhaltens und der Aktivität, als Angst, Hemmung, Aggression, als Lern- oder Verhaltensstörung äußern.

Sozialverhalten und **Kommunikation** beinhalten einen wichtigen Aspekt der kindlichen Entwicklung. Zwischen zwei oder mehr Individuen muß es zu einem Austausch kommen. Dabei reagieren die Partner aufeinander, regen sich gegenseitig an und beeinflussen sich.

Dem Kind stehen bereits bei seiner Geburt biologisch bedingte Reaktionsmuster zur Verfügung, mit denen es auf seine Umwelt einwirken kann (z.B. Reflexe). Diese Muster werden sehr bald durch kulturell und sozial bedingte Verhaltensweisen ergänzt und erweitert. Das Kind gelangt durch die Verarbeitung seiner eigenen Lebenserfahrungen vom „Es" zum „Ich" und weiter zum „Du" und „Wir". Gestörtes Sozialverhalten zeigt sich u.a. in Kommunikationsstörungen, Verhaltensstörungen, Defiziten in der Gruppenfähigkeit.

2.2 Verlauf der kindlichen Entwicklung

Die Entwicklung des Kindes beginnt mit der Befruchtung der Eizelle. Spür- und sichtbar werden Entwicklungsfortschritte bereits während der Embrional- und Foetalperiode. In dieser Zeit kann die Entwicklung normal oder weiter vorangeschritten sein, als genormte Entwicklungstabellen ausweisen. Das Kind kann aber auch, z.B. durch Schwangerschaftsprobleme, bereits in seiner Entwicklung gefährdet oder gar dauerhaft gestört sein.

Die Geburt stellt einen wichtigen Einschnitt in dem Entwicklungsverlauf dar. Das Kind beginnt nun, sich „abgenabelt", d.h. selbständig weiter zu entwickeln. Der Geburtsvorgang selbst kann für das Kind große Risiken beinhalten. (Gestörte Kinder haben z.B. häufig schwierige Geburten hinter sich.)

Die weitere Entwicklung verläuft in phylogenetisch und ontogenetisch bestimmten, wie auch sozial bedingten Bahnen. Der Verlauf der einzelnen kindlichen Entwicklungsbereiche läßt sich in Tabellen darstellen und in gewissen Spannbreiten normieren. Bekannte Entwicklungsskalen stehen z.B. in den *Denver Entwicklungsskalen (Frankenburg/Doods,* 1971) oder in der *Münchner funktionellen Entwicklungsdiagnostik (Hellbrügge,* 1978) zur Verfügung. Da jedes Kind einen individuellen Entwicklungsverlauf zeigt, sollte unbedingt darauf geachtet werden, ob ein Kind (skalenmäßig) möglichst weit entwickelt ist. Zeigen sich auch nur in einzelnen Bereichen Tendenzen zur Spätentwicklung, sollte möglichst bald überprüft werden, ob evtl. Störungen eine schnellere Entwicklung hemmen. Liegen solche vor, wird eine sehr frühzeitige und damit meist recht erfolgreiche Förderung möglich. Sind hingegen keine Anzeichen für Probleme vorhanden, so kann das Kind getrost als „Spätentwickler" gelten.

Die kindliche Entwicklung durchläuft verschiedene Phasen: Das Säuglingsalter, das Kleinkindalter, das Vorschulalter, das Schulalter. Sie endet mit der Geschlechtsreife.

2.3 Entwicklungs- und Lernstörungen

2.3.1 Störungsbilder

Die Aspekte der kindlichen Entwicklung geben Hinweise auf mögliche Störmomente. Diese können neurophysiologischer oder entwicklungspsychologischer Art sein.

Eindeutige Sinnesschädigungen (Sehbehinderung, Schwerhörigkeit, Gehörlosigkeit), geistige Behinderung und starke cerebrale Bewegungsstörungen (Spastik, Dyskinesien, Ataxie) lassen sich heute frühzeitig und meist eindeutig diagnostizieren.

Häufig zeigen Kinder jedoch unterschiedliche starke Probleme, die keinem dieser Störungsbilder exakt zugeordnet werden können. Sie gelten z.b. als hyperaktiv, konzentrationsgestört, aggressiv, tolpatschig, unsicher, ängstlich, lernunwillig oder lernschwach. Ihre Schwächen und Störungen zeigen sich vorwiegend in folgenden Bereichen:

— Wahrnehmung,
— Motorik,
— Gedächtnis und Kognition,
— sprachliche Entwicklung,
— Motivation und Emotion,
— Sozialverhalten.

Manchmal werden diese Störungen erst mit Schuleintritt zu echten Problemen. Die Voraussetzungen für sprachliche Fähigkeiten und Fertigkeiten und für schulisches Lernen, nämlich für das Erlernen der Kulturtechniken Lesen, Rechnen, Schreiben, sind nicht gegeben. Das Kind versagt vor diesem Leistungsanspruch und wird auffällig. Ein Teufelskreis beginnt.

Viele der entwicklungs- und lerngestörten Kinder weisen bei genauer Überprüfung eine Integrationsstörung auf, die als grundlegende Störung kindlicher Lernfähigkeit gelten muß. Integrationsstörungen treten nach *Breitenbach* (1986) auf, wenn das Zentralnervensystem nicht in ausreichendem Maße in der Lage ist, die über die Sinne einlaufenden Informationen zu ordnen, sie mit bereits vorhandenen Daten zu vergleichen und daraus eine adaptive Reaktion zu organisieren. Unter adaptiver Reaktion ist eine sinnvolle, exakte, effektive und der Situation angemessene Reaktion zu verstehen.

Integrationsstörungen stellen sich nach *Brand/Breitenbach/Maisel* (1987) folgendermaßen dar: als

— taktile Abwehr
— gestörte kinästhetische Wahrnehmung
— Störungen der Gleichgewichtswahrnehmung
    Überfunktion
    Unterfunktion
— Störungen der auditiven Wahrnehmung
    auditive Differenzierungsschwäche
    Codierschwäche
    verkürzte Hör-Gedächtnisspanne
— Störungen der visuellen Wahrnehmung
    in der Formkonstanzbeachtung
    in der Raumwahrnehmung
— gestörte Figur-Grund-Wahrnehmung

— Störungen des Muskeltonus
  Hypertonus
  Hypotonus
  häufig wechselnder Muskeltonus
— nicht altersgemäß entwickeltes Körperschema
— Dyspraxie
— gestörte Halte-, Stell- und Gleichgewichtsreaktionen
— Störungen der Hand-, Mund- und Augenmotorik
— Störungen der Lateralisation
  gestörte Bilateralintegration
  Überkreuzen der Körpermittellinie wird vermieden
  nicht eindeutig entwickelte Händigkeit
— unfreiwillige Mitbewegungen
— Störungen der Kraftdosierung
— Störungen des Bewegungsverhaltens
  Hyperaktivität
  motorische Gehemmtheit.

Die aufgeführten Erscheinungsbilder treten nie einzeln auf, sondern in den verschiedensten Verbindungen und/oder Kombinationen. Durch die Störung grundlegender Funktionen der Wahrnehmung und Motorik werden komplexere Funktionen und Fähigkeiten beeinträchtigt. Es finden sich häufig:

— Sprach- und Sprechstörungen,
— Gedächtnisstörungen,
— Konzentrationsstörungen,
— Verhaltensstörungen.

2.3.2 Diagnostik

Zeigt ein Kind in seinem Entwicklungsverlauf bzw. beim Lernen Probleme oder Auffälligkeiten, muß möglichst rasch eine umfassende, exakte und möglichst differenzierte psychodiagnostische Untersuchung vorgenommen werden. Sie liefert Informationen über Art und Ausmaß vorliegender Lern- und Entwicklungsstörungen. Vor allem aber findet sie Stärken und besondere Fähigkeiten heraus, auf denen eine Förderung aufbauen kann. Die Diagnostik muß dafür gleichsam alle Schwächen des Kindes „durchtauchen", um dabei unweigerlich auf die vorhandenen Stärken, d.h. die normal entwickelten Fähigkeiten des Kindes zu stoßen. Damit wird gleichzeitig der momentane Entwicklungsstand des Kindes ermittelt.

Diagnostik darf nicht als einmaliger Akt verstanden werden. Sie muß vielmehr Prozeßdiagnostik sein und die gesamte Förderung begleiten. Sie stellt den Ist-Zustand fest, wie auch Veränderungen im Laufe der Förderung. Sie bestätigt ergriffene Maßnahmen durch genaue Beobachtung der kindlichen Reaktionen auf eine gezielte Fördermaßnahme. Sie hilft, neue Zielsetzungen zu finden, wenn die

Förderung nicht die gewünschte Veränderung im kindlichen Verhalten erbracht hat.

Die Diagnostik sollte aus folgenden Teilbereichen bestehen:

— Anamnese,
— standardisierte Testverfahren,
— klinische Beobachtungen, d.h. gestellte wiederholbare Situationen,
— Verhaltensbeobachtungen in allen Bereichen der Entwicklung während des gesamten Förderzeitraumes.

3. Förderung der kindlichen Entwicklung

Förderung kindlicher Entwicklung heißt, Anregungen, Situationen, Materialien zu schaffen oder bereitzustellen, die zum Handeln herausfordern, die neue Erfahrung vermitteln und damit Lernen ermöglichen. Jede Förderung stellt ein interaktives, pädagogisches Geschehen und Handeln dar, das bei bewußtem Einsatz gezielt, geplant und kontrollierbar ist. Ziel aller Förderung muß die Weiterentwicklung des Kindes als Gesamtpersönlichkeit sein.

3.1 Förderprinzipien

Aus den besonderen Merkmalen der jeweiligen kindlichen Entwicklungsphase wie auch aus dem momentanen Entwicklungsstand und dem individuellen Entwicklungsverlauf jedes einzelnen Kindes lassen sich allgemeine und spezielle Förderprinzipien ableiten. Es sind entwicklungspsychologische und neurophysiologische Prinzipien. Sie ermöglichen, daß sich alle Förderangebote immer am kindlichen Verhalten und an kindlichen Bedürfnissen, wie auch an der bekannten Funktionsweise des Zentralnervensystems orientieren und daß sie den Entwicklungsverlauf des Kindes berücksichtigen.

Lernfähigkeit und Lernbereitschaft eines Kindes sind stark von dessen momentaner Bedürfnislage abhängig, d.h. von seiner augenblicklichen körperlichen und psychischen Befindlichkeit. Genaue Beobachtung und eventuelles schnelles Umorganisieren eines Förderangebotes sind daher Grundlage jeder sinnvollen Förderung.

Jedes Kind zeigt einen natürlichen Bewegungsdrang. Erst durch vielfältige Bewegungsspiele lernt es, seinen Körper und seine körperlichen Fähigkeiten gezielt und situationsangemessen einzusetzen. Bewegungsangebote wirken auf Kinder immer sehr motivierend. Kindgemäße Förderung ist daher eine Förderung mit viel Bewegung.

Kinder zeigen normalerweise ein spontanes Neugierverhalten. Sie haben den Wunsch, mehr über sich selbst und ihre Umwelt zu erfahren. Ohne diese Neugier wäre Lernzuwachs kaum möglich. Förderangebote sollten deshalb spannend sein und Neugier erzeugen.

Kinder verfügen über viel Phantasie und Kreativität, wenn man ihnen Raum dazu läßt. Sie produzieren eine Menge an Spielideen, die sie ausführen und erproben wollen. Diese Ideen der Kinder sollten Ausgangspunkt oder Inhalt möglichst aller Förderangebote sein.

Spielaktivitäten enthalten einen hohen Grad an Motivation. Im Spiel werden Kinder von sich aus tätig. Sie experimentieren und lernen großenteils unbewußt. Fördermaßnahmen sollten daher immer so geplant werden, daß sie in solche Spielaktivitäten eingebettet sind, die den Kindern Spaß machen. Nur diese Aktivitäten fordern und fördern die Kinder, ohne sie zu überfordern oder zu langweilen.

Die neuronale Organisation wird weitgehend im ersten Lebensjahrzehnt abgeschlossen. Die Plastizität des Zentralnervensystems hat seinen Höhepunkt überschritten und nimmt stetig ab. Förderung bringt daher die größten Erfolge, wenn sie frühzeitig angesetzt wird, d.h. bereits im Säuglings-, Kleinkind- und Vorschulalter. In diesem Zeitabschnitt ist es noch möglich, Einfluß auf die Hirnreifung und damit auf die Lernfähigkeit eines Kindes zu nehmen.

Das Kind nimmt ununterbrochen Reize wahr. Es integriert diese Reize und organisiert daraus eine angemessene motorische Antwort. Damit das Zentralnervensystem diese Aufgabe optimal lösen kann, muß es besonders während seiner Entwicklung kontinuierlich mit Reizen versorgt werden, vor allem mit Reizen aus seinem eigenen Körper. Entwicklungsfördernde Spiele sollten daher möglichst alle Sinne ansprechen. Sie sollten die Integration von Reizen je nach Entwicklungsstand des Kindes auf modaler, intermodaler und serialer Ebene fördern und die Zusammenarbeit der Hirnstrukturen anregen.

Das Kind muß lernen, wichtige von unwichtiger Information zu unterscheiden, da sein Nervensystem sonst zwangsweise einer Reizüberflutung erliegt. Nicht alle Reize dürfen also an das Gehirn weitergeleitet werden, sondern nur jene, die für den Organismus wichtig sind. Bei der Entwicklungsförderung können solche „Hemmprozesse" z.B. durch Bewegungsspiele oder taktil-kinästhetisch ausgerichtete Spiele angeregt werden. Auch Spiele, die gezielt die Beachtung eines einzelnen Reizes erfordern, eignen sich hierfür.

Das Erforschen der Umwelt und der Spracherwerb hängen in der Entwicklung des Kindes eng mit der eigenen Bewegung zusammen. Die sensorischen Informationen aus allen Sinneskanälen werden immer der Bewegung als dem motorischen „Kern" zugeordnet. Nur im gegenseitigen Miteinander ist Lernzuwachs möglich. Isoliertes Fördern von Wahrnehmung oder Motorik stellt deshalb keine echte Entwicklungsförderung dar. Es ermöglicht keine neuen Integrationsprozesse, und läßt damit kein angemessenes Handeln in neuen Situationen zu.

3.2 Kriterien an entwicklungsfördernde Spielsituationen und Spielmaterialien

Spielsituationen und -materialien müssen den Förderprinzipien entsprechen, wenn sie die kindliche Entwicklung anregen oder gar beschleunigen sollen. Gesunde, sich normal entwickelnde Kinder benötigen keine speziellen Fördermaßnahmen. Läßt man ihnen Raum und Zeit, nehmen sie jene Reize aus ihrer Umwelt auf oder schaffen sie sich selbst, die sie im Augenblick für ihre persönliche Weiterentwicklung benötigen. Sie interessieren sich für ihnen angemessenes Spielmaterial, begeistern sich für Spielsituationen, die ihnen augenblicklich entsprechen. Sie lernen „nebenbei", weil ihnen ganz einfach vieles Spaß macht. Trotzdem werden auch diese Kinder glücklicher und phantasievoller, motivierter und kreativer, emotional stabiler und gruppenfähiger, aufmerksamer und lernfähiger, wenn Spielsituationen und Spielmaterialien bestimmten Kriterien entsprechen.

Alle Spiele müssen Möglichkeiten zum Bewegen und Hantieren enthalten. Je jünger das Kind ist, um so stärker sollten Aktivitätsangebote die großräumige Bewegung einbeziehen. Um so großzügiger sollten auch die Bewegungsräume bemessen sein. Viel freier Raum, weicher Bodenbelag, Hüpf-, Dreh-, Schaukel- und Kletterangebote, wenige, dafür stark phantasieanregende und vielfach einsetzbare Spielmaterialien sind in einem Kinder- oder Spielzimmer oft wichtiger als Tisch, Stuhl, Regale mit unzähligen Tieren und Puppen, Kassettenrekorder und vielerlei perfektioniertes Spielmaterial. Wiese, Wald, Wasser, Sand, Erde, unebenes Gelände und Spielplatz, Haushalt und Gartenarbeit, „Kramkisten" mit allen möglichen Materialien wie Erbsen, Kastanien, Steinen, Holzabfällen, Styropor, Fell- und Stoffresten usw. fordern und fördern jüngere Kinder stärker als z.B. ständiges Puzzlespielen, Fahrradfahren, Fußballspielen oder Spiele am Tisch.

Kinder benötigen Spielangebote, die ihrer momentanen Bedürfnislage entsprechen. Diese Bedürfnislage kann sich z.B. in einem tage- oder gar wochenlang anhaltenden Beschäftigen mit einem bestimmten Material, einer bestimmten Bewegungsart oder einer immer ähnlichen Spielsituation äußern. Häufig versuchen Erwachsene, Kinder aus diesem „zwanghaften Verharren" durch ablenkende andere Spielangebote, durch gutes Zureden oder gar durch Verbote herauszureißen. Werden den Kindern aber keine alternativen Angebote gemacht, die eben dieses vorhandene Bedürfnis aufgreifen und abdecken, fallen die Kinder oft in das alte Spiel zurück. Oder sie werden auf Dauer unsicher, ängstlich, aggressiv, unkonzentriert, spielablehnend usw., d.h. unmotiviert, lustlos und zeitweise sogar lernunfähig. Sie verharren evtl. weit länger auf einer Entwicklungsstufe als notwendig, da sie sich zu diesem Zeitpunkt nicht weiterentwickeln können.

Kinder benötigen viel Freiraum, um sich neu-gierig ihre Umwelt zu erobern. Vorschriften und Vorgaben über Spielverlauf und Verwendbarkeit eines Material sollten nur selten gemacht werden. Vielmehr muß das Kind selber tätig werden, kreativ und phantasievoll eigene Vorstellungen entwickeln und durchführen dürfen.

Der Erwachsene wird nur indirekt aktiv. Er beobachtet das Kind in seinem Spiel, berät und hilft ihm evtl. weiter. Er kritisiert nicht abwertend, sondern regt zu weiteren Lösungsversuchen an. Er ermutigt das Kind auch beim Mißlingen einer Aufgabe. Notwendige Spielvorschriften und -regeln können häufig mit den Kindern gemeinsam entwickelt werden. Sie besitzen dann den Wert „eigener" Regeln, den Kinder meist leichter akzeptieren können als vorgeschriebene Regeln. Vorschriften dürfen Spielideen nicht einengen. Sie sollten diese steuern und ihnen evtl. Grenzen setzen, wie es in Familie oder Gruppe gelegentlich notwendig ist.

Auch das Spielmaterial muß dem Kind „Freiraum" lassen, eigene Ideen einzubringen, neue zu entwickeln und diese zu verwirklichen. Material sollte daher einfach und schön gestaltet, gut kombinierbar und leicht zu handhaben sein. Es sollte möglichst viele Sinne ansprechen und starke Reize setzen. Es muß funktionsgebundene und realitätsnahe Behandlung zulassen, gleichzeitig aber auch die kindliche Phantasie anregen und schöpferisches Gestalten zulassen. Es darf nicht von Anfang an in seiner Verwendbarkeit festgelegt und in seinen Spielmöglichkeiten begrenzt sein. Einfache Bauklötze, Steckmaterialien oder Belebungsmaterial eignen sich z.B. für jüngere Kinder besser zu kreativem Spiel als elektrische Eisenbahnen, ferngesteuerte Autos, automatisch laufende Puppen und Tiere oder vorgefertigte Packungen zur Konstruktion eines einzelnen Spielzeuges.

Je stärker Spielmaterial sich selbst bei und in seiner Verwendung korrigiert, um so anregender, konstruktiver und entwicklungsfördernder ist es. Das Material selbst „lehrt" und „belehrt" sozusagen das Kind, nicht aber ein Erwachsener. Zwischenmenschliche Beziehungen werden daher auch bei häufigen Fehlschlägen im Spiel kaum negativ belegt.

Spielangebote sollten weiterhin so gestaltet sein, daß sie Partner- und Gruppenaktivitäten zulassen, ja sogar herausfordern. Kommunikation im nichtsprachlichen und sprachlichen Bereich fördert Verarbeitungsprozesse, schafft neue eigene Ideen.

3.3 Aufbau der Entwicklungsförderung

Entwicklungsförderung muß sich am phylogenetischen und ontogenetischen Entwicklungsverlauf des Menschen ausrichten. Sie muß den individuellen Entwicklungsstand des Kindes und seine motivationale Lage berücksichtigen, gleichzeitig aber auch neuropsychologische und neurophysiologische Prinzipien beachten. Ziel aller Förderung ist die Entwicklung der Gesamtpersönlichkeit des Kindes.

Alle Fördermaßnahmen erfolgen als Spielangebote, die immer Bewegung einbeziehen. Sie versuchen, das Kind ganzheitlich zu erfassen, es aber gleichzeitig gezielt zu fördern. Immer sprechen angemessene Spielangebote beim Kind Emotion und Motivation, Wahrnehmung und Kognition, Aufmerksamkeit und Gedächtnis (mit Aufnahme, Speicherung, Seriation und Abrufbarkeit) und Kreativität an. Sie fordern Bewegungsplanung, zweckvolles adaptives Handeln und Verhalten, wie auch soziales Verhalten heraus. In vielen Bereichen können die Förderangebote gleichzeitig mit Lernzielen und -inhalten aus dem vorschulischen und schulischen Bereich angefüllt werden.

Als erste Wahrnehmungssysteme entwickeln sich beim Kind die Nahsinne (Tastsinn, Bewegungssinn, Gleichgewichtssinn). Förderangebote für Säuglinge, Kleinkinder und gestörte oder behinderte Kinder sollten daher vorrangig diese Systeme anregen und ausbauen helfen (Basisförderung). Spielangebote für diese Basisförderung beinhalten schwerpunktmäßig:

— Spiele mit Körperberührung und Körperkontakt;
— Spiele mit Materialien und Medien, die starke und länger anhaltende Berührungsreize setzen;
— Spiele zum Ertasten und Ordnen von Materialien;
— Taststraßen, Tastbilder, „Tastausstellungen";
— Spiele zum taktilen Unterscheiden von Form, Größe, Temperatur und Anzahl;
— Spiele zur Gleichgewichtswahrnehmung (Vor-/Zurück-, Auf-/Ab-, Hin-/Her- und Drehbewegungen);
— Spiele zur Förderung der Propriozeption (Zug/Druck).

Nach und neben dieser Basisförderung sollten durch individuell abgestimmte, weiterführende Spiel- und Förderangebote die zunehmende Ausdifferenzierung der Motorik und Wahrnehmung, wie auch der Ausbau der Integrationsfähigkeit angeregt werden.

Auf der untersten Stufe bildet ein ausgewogener Muskeltonus die Grundlage für eine angemessene kindliche Entwicklung. Frühkindliche motorische Reaktionen werden langsam in das Gesamtbewegungsverhalten integriert. Aufrichte- und Gleichgewichtsreaktionen und eine gute Figur-Grund-Wahrnehmung bilden sich heraus. Das Zusammenspiel der äußeren Augenmuskeln wird geschult. Punkte werden sicher fixiert und Bewegungen zügig verfolgt. Förderangebote für diese erste Stufe sehen vor allem folgende Spiele vor:

— Spiele zur Förderung der Aufrichte- und Gleichgewichtsreaktionen;
— Spiele zur Normalisierung des Muskeltonus;
— Spiele zur Förderung der äußeren Augenmuskeln.

Auf einer nächsten Entwicklungsstufe entsteht langsam das Körperschema. Es hängt eng mit der Bewegungs- und Wahrnehmungsfähigkeit zusammen. Das Kind beginnt, mit Augen und Gliedmaßen seine (gedachte) Körpermittellinie zu überkreuzen. Es erfährt, daß seine beiden Körperhälften zusammenarbeiten und eine Funktionseinheit darstellen können (Bilateralintegration). Auf dieser zweiten Stufe werden schwerpunktmäßig folgende Spiele angeboten:

— Spiele zum Aufbau des Körperschemas;
— Spiele zur Förderung der Bilateralintegration;
— Spiele, die das Überkreuzen der Körpermittellinie erfordern.

Auf einer dritten Entwicklungsstufe differenziert das Kind seine auditive Wahrnehmungsfähigkeit sehr stark. Es verknüpft jetzt auditive Eindrücke mit solchen aus anderen Sinnesmodalitäten. Das Sprachverständnis wird vertieft und die Sprechfähigkeit weiter ausgebaut. Aus der bisherigen Bilateralität erwächst langsam eine echte Lateralität. Auf der Grundlage altersgemäß entwickelter Haltungsmechanismen, eines guten Gleichgewichtsinnes, einer sicheren Fortbewegung, gut funktionierender Augenmuskeln und eines exakten Körperschemas reift nun die vorwiegend visuelle Form- und Raumwahrnehmung. Eng verbunden und gleichzeitig abhängig von ihr entwickelt sich die Auge-Hand-Koordination. Schwerpunkt der Förderung stellen daher folgende Spielangebote dar:

— Spiele zur Förderung der auditiven Wahrnehmung und der Sprachbenutzung;
— Spiele zur Förderung der Seitigkeitsentwicklung und der Rechts-Links-Unterscheidung;
— Spiele zur visuellen Form- und Raumwahrnehmung;
— Spiele zur Auge-Hand-Koordination.

Für gestörte oder behinderte Kinder ist es besonders wichtig, immer mit der Basisförderung zu beginnen und den Einstieg in die einzelnen Förderstufen nicht zu hoch anzusetzen. Alle Förderangebote sollten auf der Stufe beginnen, die beim Kind noch normal entwickelt ist. Nur so kann der systematische Förderaufbau gewährleisten, daß das Kind die gemachten Angebote motiviert und „spielend" bewältigt, später aber keine Lerneinbrüche erlebt.

3.4 Fördermöglichkeiten in Familie und Einrichtung

Kinder lassen sich immer und überall fordern und fördern, wenn die Spielangebote ihnen angemessen sind. Die Familie stellt dabei für Säuglinge und Kleinkinder meist die ideale „Förderstätte" dar.

Bereits während der Schwangerschaft können Eltern und weitere Familienmitglieder durch positive Einstellung und natürliches Schwangerschaftsverhalten fördernd auf die Entwicklung des ungeborenen Kindes einwirken. Intensive Körperbewegungen der Mutter wirken z.B. anregend auf die Entwicklung des Fötus im Mutterleib. Nach der Geburt benötigt das Kind vielerlei verschiedene, aber richtig gesetzte Reize und Angebote, die es allmählich mit Hilfe seiner Sinne aufnimmt, unterscheidet und verarbeitet. In der Bewegung lernt es seine Umwelt kennen und verstehen. Es baut ein Selbstwertgefühl auf und schafft sich die Grundlagen für seine spätere Persönlichkeitsentwicklung und Umweltbewältigung.

Eltern und nahe Bezugspersonen sollten sich daher vor allem in der Säuglings- und Kleinkindzeit viel mit ihrem Kind beschäftigen, es genau beobachten und auf seine Bedürfnisse und Wünsche eingehen. Je angemessener und vielseitiger nämlich das Angebot während dieser Zeit ist, um so besser entwickelt sich ein Kind auf Dauer. Durch genaue Beobachtung und durch den Vergleich mit anderen Kindern können sie auch bereits sehr bald Probleme im Entwicklungsverlauf ihres Kindes feststellen. Sie können frühzeitig eine Fachberatung in Anspruch nehmen und evtl. spezielle Fördermaßnahmen einleiten.

Einrichtungen fallen vorwiegend die Diagnosestellung, die Beratung der Eltern und eine gezielte Förderung der etwas älteren Kinder zu. Meist liegen bei der Erstvorstellung eines Kindes bereits Auffälligkeiten oder Störungen in der Entwicklung vor. Es gilt nun, einen angemessenen Förderplan aufzustellen, individuelle Maßnahmen in Familie oder Einrichtung einzuleiten bzw. durchzuführen, regelmäßige Kontrollen über Fortschritte des Kindes einzuplanen und dem Kind einen möglichst normalen weiteren Entwicklungsverlauf zu gewährleisten. Je früher in der Entwicklung eines Kindes diese Förderangebote angesetzt werden, um so größer sind meist die Erfolgschancen.

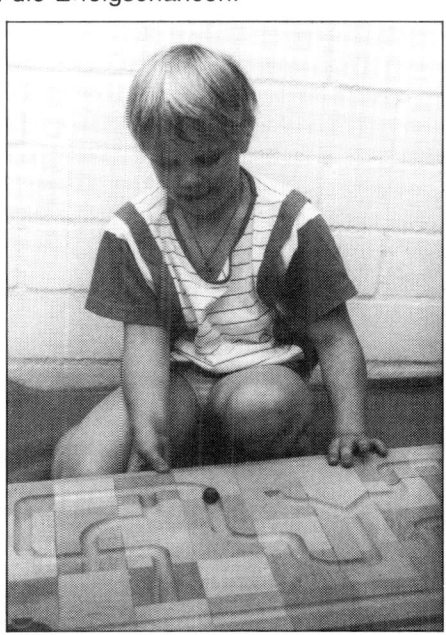

4. Pertra-Spielsatz ein kreatives Spielmaterial zur Entwicklungsförderung

Der Pertra-Spielsatz wurde in den Jahren 1972/73 unter Zusammenarbeit von Designern, Ergotherapeuten und Psychologen an der Fachhochschule für Design in Schwäbisch-Gemünd als therapeutisches Material entwickelt. Pertra steht dabei als Abkürzung für **Per**zeptions-**Tra**ining (= Wahrnehmungstraining). „Spielsatz" soll auf An- und Einsatzmöglichkeiten hindeuten. Die Firma Holz-Hoerz stellt das Material her und bietet es heute in einer sinnvoll und gut durchdachten, erweiterten Form an, die therapeutischen Einsatz, vor allem aber kreatives Spielen besonders gut möglich macht.

4.1 Materialbeschreibung

Der Pertra-Spielsatz enthält nach dem neuesten Prospekt (Stand März 1987) 121 verschieden geformte Einzelteile, bzw. 476 Einzelteile. Einige Artikel weisen eine unterschiedliche Ober- und Unterseite auf, viele liegen außerdem in je vier Farbvarianten (rot, gelb, grün, blau) vor. Verschiedene Pertra-Teile liegen zusätzlich in neuen Versionen vor und müssen bei dem Hersteller erfragt werden. Spezielle Zusatzteile können in Auftrag gegeben werden. Alle Einzelteile des Spielsatzes sind miteinander kombinierbar. Zur Aufbewahrung des Materials dient ein stapelbares Holzkistensystem aus drei verschiedenen Kistengrößen, einer fahrbaren Rollenpalette und einem Holzdeckel. Nach Angabe des Herstellers können alle Teile einzeln erworben werden. Sie werden jedoch auch in größeren Zusammenstellungen für bestimmte Spielreihen angeboten.

Der Pertra-Spielsatz ist vorwiegend aus massivem Buchenholz gefertigt. Das rohe Holz ist mit giftfreiem Schnellschleifgrund und Unilack behandelt und evtl. mit Farbkonzentrat eingelassen. Einige Teile liegen auch in festem Kunststoff vor.

4.2 Kritische Betrachtung des Materials und seiner Einsatzmöglichkeiten als Fördermaterial

Der Pertra-Spielsatz wurde, wie bereits sein Name aussagt, als therapeutisches Instrumentarium geschaffen. Er wird als solches häufig eingesetzt. Kann er jedoch auch den Kriterien genügen, die in Abschnitt 3.2 an entwicklungsfördernde Spielmaterialien und Spielsituationen gestellt werden?

Dem Bewegungs- und Hantierdrang eines Kindes kommt der Pertra-Spielsatz entgegen, wenn sich nicht alle Spiele auf dem Grundbrett und am Tisch abspielen. Viele Teile des Satzes erlauben eine recht „unkonventionelle" Verwendung, wie z.B. Schaukeln, Hüpfen, Rollen, Fahren, Balancieren, Werfen, Hämmern, Malen, Drucken. Eine Hinzunahme anderer Spielsachen (z.B. Matratzen, Decken, Hüpfball, Dreirad, Stelzen, Rollschuhe, Bälle. Belebungsmaterial) und zusätzlicher Materialien (z.B. Sand, Fell, Borsten, Schaumstoff, Draht, Stoff) erscheint jedoch oft sinnvoll, um möglichst viele Sinnesbereiche anzusprechen.

Einige Teile des Spielsatzes (z.B. die Konusstangen) sollten für großräumige Einsatzmöglichkeiten größer und stabiler gestaltet sein. Auch fehlen hierfür zusätzliche Verbindungsteile mit doppelter Konusbohrung (z.B. Kugeln) bzw. bewegliche Verbindungsteile (z.B. Gummi-, Leder-, Plastikschläuche) und federnde Elemente (z.B. Stangen aus Konussteckern und Spiralfedern), die das Kind stärker zum dreidimensionalen Bauen und Konstruieren anregen. Bohrungen auf den Seiten der Einlegebrettchen und vieler anderer Pertra-Teile würden ein problemloses Spielen auf dem Boden ermöglichen, da auf diese Weise durch Holzdübel oder kleine Magnete leicht eine Verbindung der Teile untereinander geschaffen werden kann. Das selbsttätige Experimentieren und Erforschen lassen die meisten Teile des Satzes zu, da sie sehr stabil gebaut sind, Wasser, Farbe und Schmutz vertragen, Druck aushalten und ungefährlich im Gebrauch sind. Taktile Zusatzqualitäten wären wünschenswert, etwa in Form von Holz-, Borsten-, Schaumstoff-, Fell- oder Gummistöpseln/-bändern/-punkten, die genau in Löcher und Rillen oder auf Flächen passen.

Der Pertra-Spielsatz kann durch seine Vielseitigkeit die momentane Bedürfnislage eines Kindes recht genau treffen. Das einfach und schön gestaltete Material, der nicht eindeutig vom Material vorgegebene Spielablauf regt Phantasie und Neugier an und fördert kreatives Verhalten und lang anhaltende Beschäftigung mit dem Spielsatz. Es ermöglicht durch seine Kombinierbarkeit und seine ungezählten innenliegenden Spielformen den Einsatz vom Säuglings- bis zum Jugend-/Erwachsenenalter. Eine schnelle Veränderung der Aufgabenstellungen (z.B. in ihrem Schwierigkeitsgrad) ist jederzeit bei gleichem oder ähnlichem Materialangebot möglich. Immer muß das kreativ spielende Kind jedoch die Freiheit haben, zusätzliche Gegenstände in das Spiel einzubringen, oder sich auch völlig anderen Beschäftigungen zuzuwenden.

Ist genügend Pertra-Spielmaterial vorhanden, fordert dieses Angebot geradezu Partner und Gruppenaktivitäten heraus. Kindergruppen aller Altersstufen erfinden gemeinsam Spiele und führen sie durch. Sie regen sich gegenseitig an und gehen aufeinander ein. Themenbezogene Anregungen oder Aufgabenstellungen durch Erwachsene fördern zusätzlich bei diesem so „themen-neutralen" Material Phantasie und kreative Spielfreude der Kinder.

Insgesamt erscheint der Pertra-Spielsatz als Fördermaterial für die gesamte Entwicklungszeit des Kindes geeignet, bietet er doch

— ungezählte Kombinationsmöglichkeiten und motivierende Spielformen an;
— fördert bei entsprechendem Angebot alle Wahrnehmungsbereiche wie auch Motorik, Sprache, Emotional- und Sozialverhalten;
— trägt zur Phantasie- und Kreativitätsentwicklung bei;
— erhöht Gedächtnis- und Konzentrationsfähigkeit und
— bietet Möglichkeiten, Kulturtechniken auf spielerische Weise vorzubereiten und einzuüben.

Allerdings muß immer gesichert sein, daß Pertra nicht das einzige Spielmaterial eines Kindes sein darf, wohl aber über weite Strecken eines der für das Kind

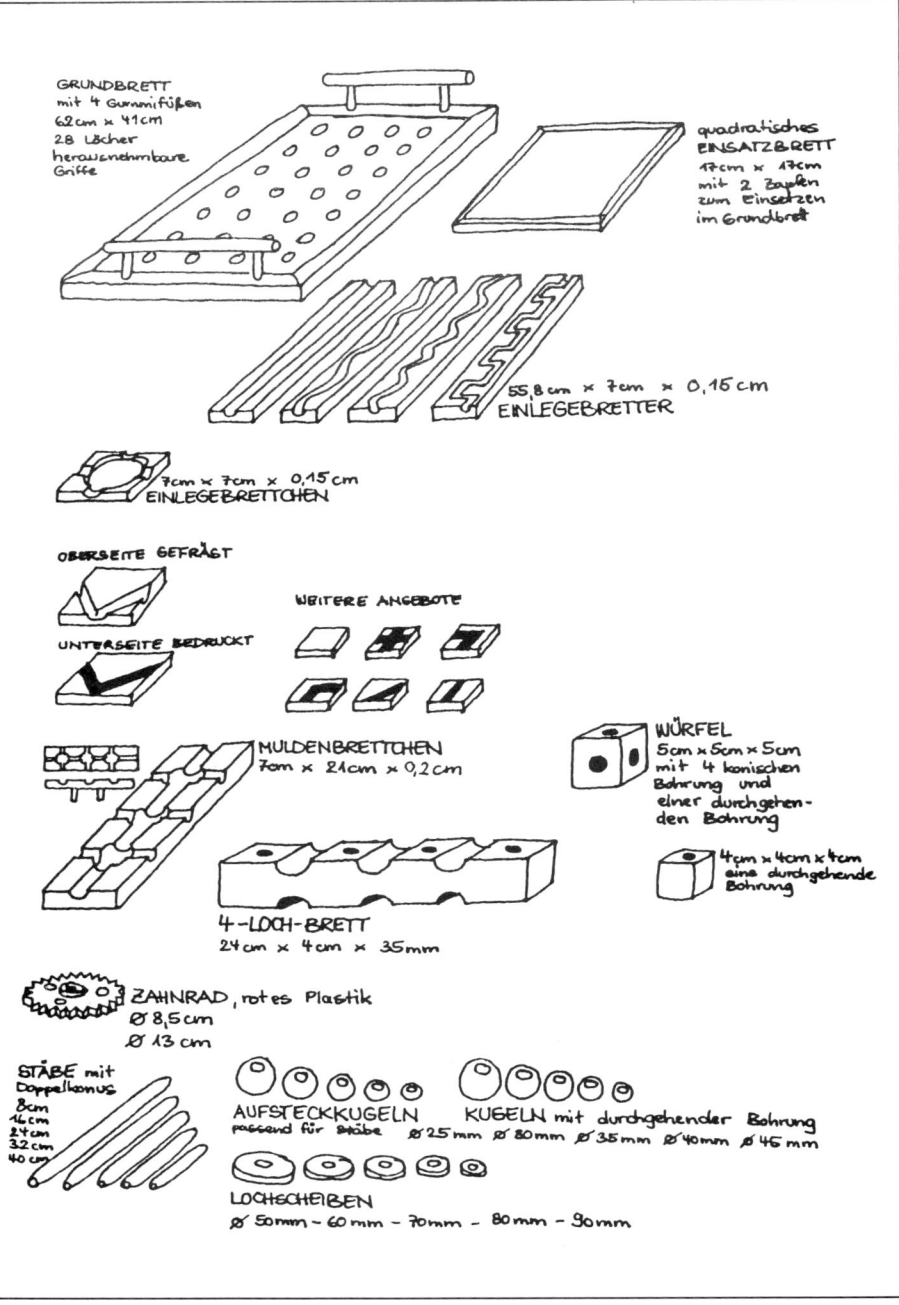

GRUNDBRETT
mit 4 Gummifüßen
62cm × 41cm
28 Löcher
herausnehmbare
Griffe

quadratisches
EINSATZBRETT
17cm × 17cm
mit 2 Zapfen
zum Einsetzen
im Grundbret

55,8 cm × 7cm × 0,15 cm
EINLEGEBRETTER

7cm × 7cm × 0,15 cm
EINLEGEBRETTCHEN

OBERSEITE GEFRÄST

UNTERSEITE BEDRUCKT

WEITERE ANGEBOTE

MULDENBRETTCHEN
7cm × 21cm × 0,2cm

WÜRFEL
5cm × 5cm × 5cm
mit 4 konischen
Bohrung und
einer durchgehen-
den Bohrung

4cm × 4cm × 4cm
eine durchgehende
Bohrung

4-LOCH-BRETT
24 cm × 4 cm × 35mm

ZAHNRAD, rotes Plastik
Ø 8,5cm
Ø 13 cm

STÄBE mit
Doppelkonus
8cm
16cm
24cm
32 cm
40 cm

AUFSTECKKUGELN
passend für Stäbe

KUGELN mit durchgehender Bohrung
Ø25mm   Ø30mm   Ø35mm   Ø40mm   Ø45 mm

LOCHSCHEIBEN
Ø 50mm – 60mm – 70mm – 80mm – 90mm

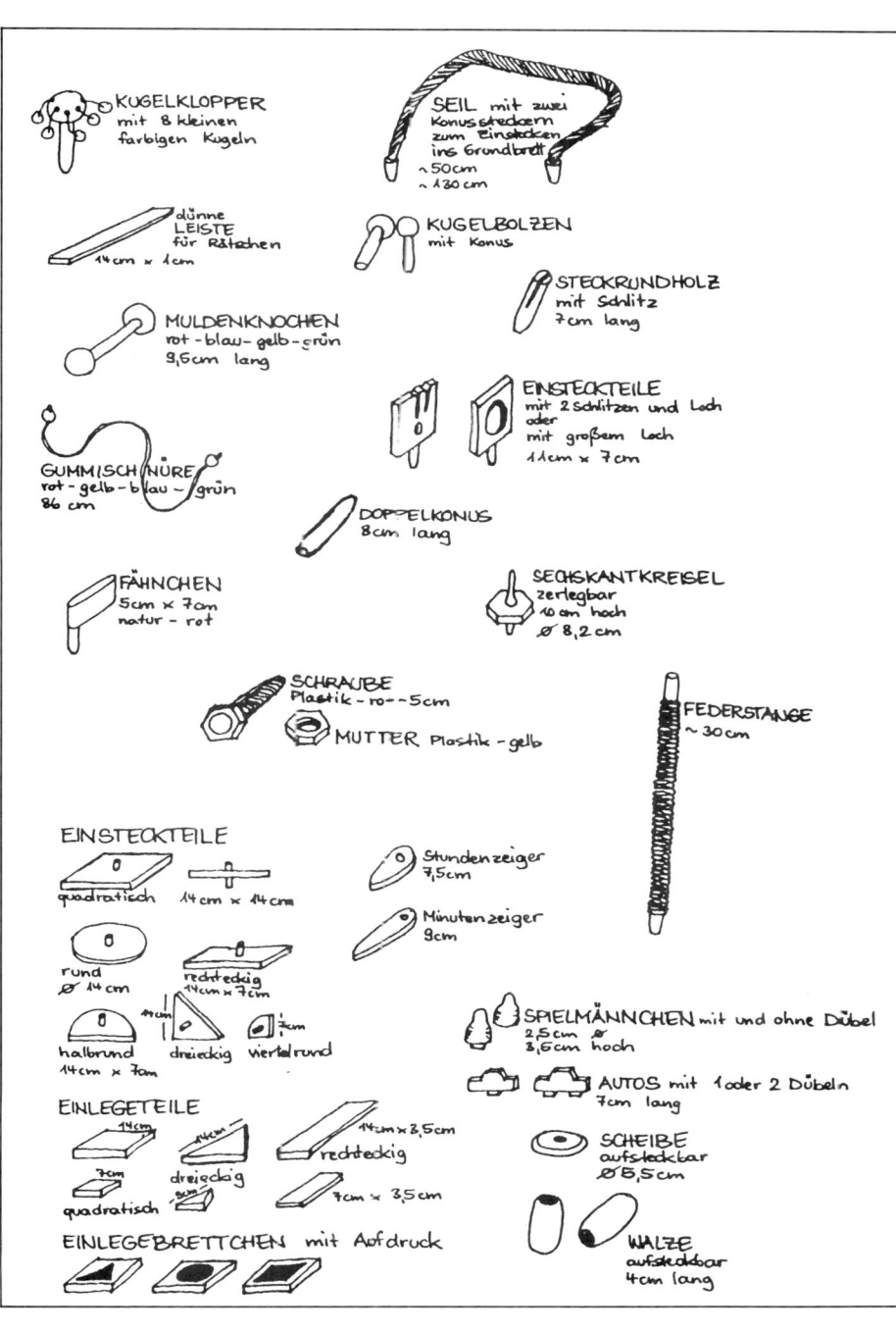

KUGELKLOPPER
mit 8 kleinen
farbigen Kugeln

SEIL mit zwei
Konussteckern
zum Einstecken
ins Grundbrett
∼ 50 cm
∼ 130 cm

dünne
LEISTE
für Rätschen
14 cm x 1 cm

KUGELBOLZEN
mit Konus

STECKRUNDHOLZ
mit Schlitz
7 cm lang

MULDENKNOCHEN
rot - blau - gelb - grün
9,5 cm lang

EINSTECKTEILE
mit 2 Schlitzen und Loch
oder
mit großem Loch
11 cm x 7 cm

GUMMISCHNÜRE
rot - gelb - blau - grün
86 cm

DOPPELKONUS
8 cm lang

FÄHNCHEN
5 cm x 7 cm
natur - rot

SECHSKANTKREISEL
zerlegbar
10 cm hoch
⌀ 8,2 cm

SCHRAUBE
Plastik - ro - 5 cm
MUTTER Plastik - gelb

FEDERSTANGE
∼ 30 cm

EINSTECKTEILE

quadratisch   14 cm x 14 cm

Stundenzeiger
7,5 cm

Minutenzeiger
9 cm

rund
⌀ 14 cm

rechteckig
14 cm x 7 cm

halbrund
14 cm x 7 cm   dreieckig   viertelrund

SPIELMÄNNCHEN mit und ohne Dübel
2,5 cm ⌀
3,6 cm hoch

EINLEGETEILE

AUTOS mit 1 oder 2 Dübeln
7 cm lang

14 cm

dreieckig   14 cm x 3,5 cm
rechteckig

quadratisch   7 cm x 3,5 cm

SCHEIBE
aufsteckbar
⌀ 5,5 cm

EINLEGEBRETTCHEN mit Aufdruck

WALZE
aufsteckbar
4 cm lang

wichtigsten sein kann. Ein zu großes Spielangebot „überrollt" und/oder verunsichert ein Kind, ein zu enges und/oder einseitiges Angebot verringert die Spielmöglichkeiten und -erfahrungen und die Spiellust. Es gilt daher, jedes Kind als sich entwickelnde Persönlichkeit mit individuellen Bedürfnissen zu sehen und ihm auf diesem Weg möglichst behilflich zu sein.

4.3 Zielgruppen, Einsatzbereiche, Bedarfslisten

Der Pertra-Spielsatz kann als entwicklungsförderndes Spielmaterial in Familien, Kindergärten und Schulvorbereitenden Einrichtungen, in Grundschulen und Sonderschulen, in Praxen und Rehabilitationseinrichtungen verwendet werden. Da jedesmal ein anderer Materialbedarf besteht, sollte nicht immer der gesamte Spielsatz erworben, sondern vielmehr eine persönliche Auswahl getroffen und gekauft werden. Das gesamte Material ist kombinierbar. Es lohnt sich daher, zuerst einige Teile zu bestellen, mit ihnen zu spielen und zu experimentieren, und erst dann diejenigen Teile zu erstehen, die für den speziellen Bedarf tatsächlich notwendig sind. Die vom Hersteller angebotenen Zusammenstellungen nach „Stufen" entsprechen diesem Bedarf nur in den seltensten Fällen. Außerdem schrecken viele interessierte Käufer vor dem (so entstehenden) sehr hohen Gesamtpreis zurück. Berechnet man jedoch die tatsächlich benötigten Einzelteile, zeigt sich, daß dieses Spielmaterial nicht teurer als gleichwertiges anderes Holzspielzeug ist.

Mögliche (aufeinander aufbauende) Zusammenstellungen und Erweiterungsangebote für Familie und Kleingruppe:

Materialbedarf	Verwendungsmöglichkeiten
A. 1—2 Doppelkonusse (8 cm, 16 cm)	Rasseln, Klappern, Ketten
je 1—2 Walzen, Kugeln, Scheiben in rot, grün, gelb, blau	Anregung aller Sinne
4—6 Aufsteckkugeln	
1 Seil mit Konussteckern	
4 Gummischnüre in rot, gelb, grün, blau	

Materialbedarf	Verwendungsmöglichkeiten
B. 1 Doppelkonus (24 cm) 3 Fähnchen rot, 1 Fähnchen natur	einfache Steckspiele, Fädelspiele
4 Kugelbolzen	Förderung der Hand- und Augen- motorik
1—2 Zahnräder (groß, klein)	
2 Würfel mit durchgehender Boh- rung	
Erweiterung: je 1 Einlegebrett mit Rillenfräsung geradeverlaufend, wellenförmig	
C. 1 Würfel mit konischer Bohrung	Stecktürme/-bäume
evtl. ein 4-Loch-Brett	Größenunterscheidung
3—5 verschieden große Loch- scheiben	
3—5 verschieden große Kugeln mit durchgehender Bohrung	
D. je 1—2 Holzkugeln in rot, gelb, grün, blau	Farbspiele
je 1 Männchen ohne Fuß in rot, gelb, grün, blau	Farbunterscheidung ,
je 1 Auto mit 2 Dübeln in rot, gelb, grün, blau	
je 2 quadratische Holzbrettchen in rot, gelb, grün, blau	
Erweiterung: je 2 Muldenknochen in rot, gelb, grün, blau	
1 Seil mit 2 Konussteckern (150 cm)	
1 Kugelklopper	

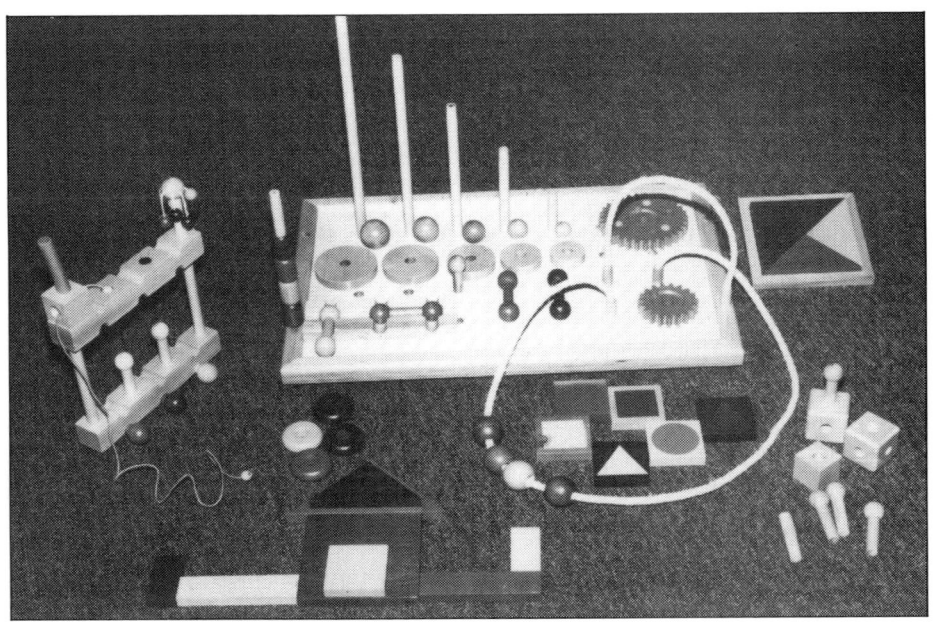

Materialbedarf	Verwendungsmöglichkeiten
E. je 2 Einlegeplatten quadratisch, in rot und blau	Formspiele Formunterscheidung
je 2 Einlegeplatten dreieckig groß in rot und blau	
je 2 Einlegeplatten dreieckig klein in rot und blau, (gelb, grün)	
je 2 schmale Holzbrettchen lang in rot und blau (gelb und grün)	
je 2 schmale Holzbrettchen kurz in rot und blau (gelb, grün)	

Erweiterung:

je 1—2 quadratische Holzbrettchen mit Symbolen bedruckt
in rot, gelb, grün, blau

je 1 Einsteckteil dunkelbraun,
quadratisch, rund, rechteckig,
dreieckig

Materialbedarf	Verwendungsmöglichkeiten

F. 3 Würfel mit konischer Bohrung
4—6 Gummiringe zum Fixieren
je 2 Doppelkonusse 32 cm, 40 cm
je 1 Doppelkonus 8 cm, 16 cm,
24 cm
1—2 4-Loch-Bretter
4 Kugelbolzen
8 Steckrundhölzer
je 2 Zahnräder groß und klein
10 Schrauben und Muttern

Konstruktionsspiele

Erweiterung:
1 Grundbrett, evtl. mit doppelter
Anzahl an Bohrlöchern
2 4-Loch-Bretter
4 Würfel mit konischer Bohrung
1 Kurbel für Zahnräder

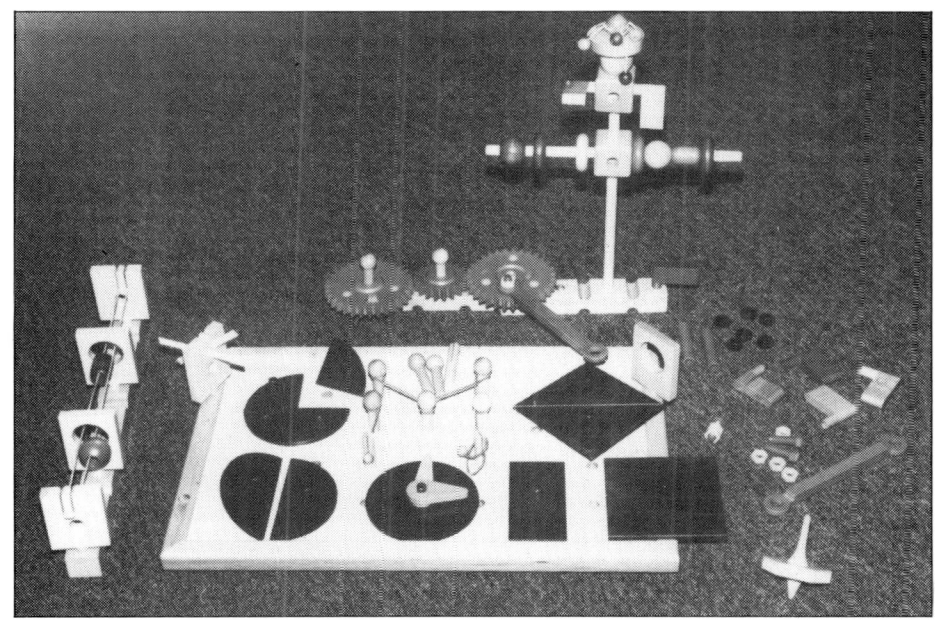

Materialbedarf	Verwendungsmöglichkeiten

G. 1 Fähnchen rot
    3 Fähnchen natur
    Einlegebrettchen gefräst:
    4 Kreuzform
    4 V-Form
    4 ohne
    8 halbrund
    8 über Eck
    8 schräg diagonal
    8 in der Mitte
    je ein Auto mit 1 Dübel in rot,
    gelb, grün, blau

Erweiterung:

2 Muldenbrettchen

je 1 Einlegebrett mit Rillenfräsung
engverlaufende Kurven, zinnenför-
mig

je 2 flache Einsteckteile
mit 2 Schlitzen und Loch, mit
großem Loch

Spiele zur Wahrnehmung von
Raumlage und von räumlichen Beziehungen

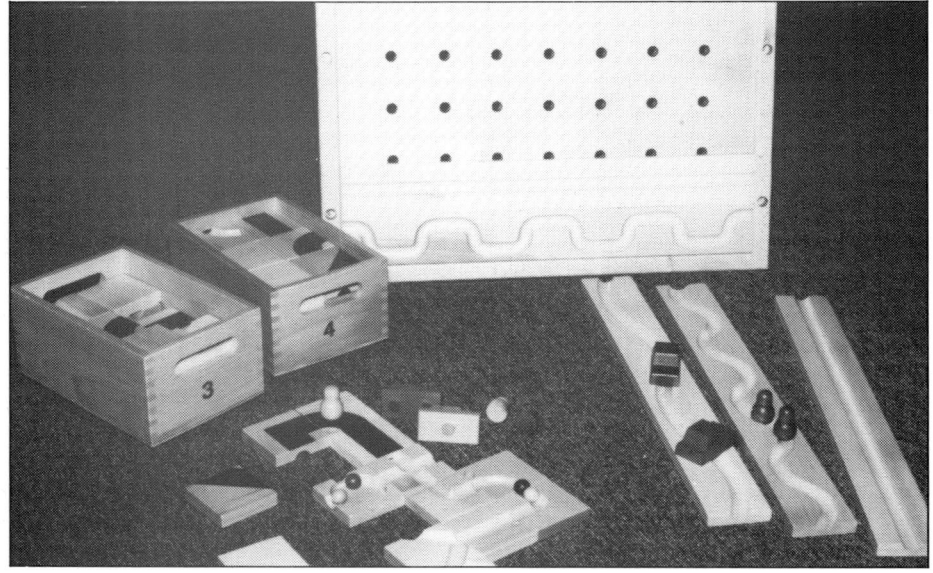

4.4 Besondere Hinweise

Der Pertra-Spielsatz eignet sich zur allgemeinen Entwicklungsförderung eines jeden Kindes, wie zum gezielten Spezialeinsatz in therapeutisch ausgerichteten Einrichtungen. Da jedoch jede Entwicklung einen individuellen Verlauf zeigt, und alle Störungen und Behinderungen bestimmte Merkmale aufweisen, sollte auch das Fördermaterial jeweils spezifisch gestaltet und eingesetzt werden.

4.4.1 Vorschläge zur spezifischen Benutzung des Pertra-Spielsatzes

a) bei Körperbehinderten
   — Rutschfeste Unterlagen ermöglichen auf dem Grundbrett, auf Tisch und Boden eine größere Freiheit im Umgang mit den Pertra-Teilen.
   — Aufsteckkugeln an Stangen und Kleinteilen bieten größere Griffsicherheit.
   — Zusätzliche Zapfen in den Einlegebrettern erleichtern das gezielte Hochheben und Ablegen dieser Teile.
   — Starke Magnetpunkte an den Seiten der Einlegebrettchen erleichtern das kreative Bauen und Gestalten mit diesen Teilen und setzen zusätzliche Reize.
   — Das Grundbrett mit der doppelten Anzahl an Bohrungen gibt neue Kombinationsmöglichkeiten, besonders wenn ein Kind auf die Arbeit mit der Platte angewiesen ist.
   — Taktile Zusatzqualitäten an allen Pertra-Teilen können durch die stärkere Reizsetzung zeitweise gute Dienste leisten.
   — Das vollständige Auslegen des Grundbrettes (z.B. mit Blanko-Einlegebrettchen) verhindert das Verrutschen einer geplanten Anordnung.

b) bei Sehbehinderten
   — Formen lassen sich leichter ertasten und unterscheiden, wenn ihre Umrißlinien mit taktilen Zusatzqualitäten (Borsten, Holzrand, Knetwulst, Sandpapierstreifen etc.) ausgerüstet werden.
   — Die Unterscheidung nach Farben kann durch Ertasten von unterschiedlichen Oberflächenstrukturen (z.B. rauh, glatt, gekerbt, gelocht) und -eigenschaften (z.B. Kälte, Wärme), wie durch unterschiedliche Geruchswahrnehmungen an den verwendeten Teilen ersetzt werden.
   — Richtungen (z.B. bei „Straßen" aus gefrästen Einlegebrettchen) werden durch Fellstreifen, Cord usw. taktil erfaßbar.
   — Die Gummischnüre lassen sich durch unterschiedliche Stärke, verschieden große Holzkugeln an ihren Enden oder unterschiedlich geformte Perlen (anstelle der Holzkugeln) unterscheiden.
   — Der Kugelklopfer kann Schnüre mit unterschiedlicher Struktur und/oder verschiedenen Raumkörpern an den Enden aufweisen und damit als „Würfel" dienen.
   — Kreiselteile können mit taktilen Marken und Symbolen (z.B. mit kleinen Teilen aus Belebungsmaterial, mit Tastformen) wie auch mit Ziffern/Buchstaben in Blindenschrift belegt werden.

c) bei Lernbehinderten und geistig Behinderten

— Um eine Reizüberflutung zu verhindern, sollten evtl. nur wenige Teile des Pertra-Spielsatzes in Sicht- und Greifweite liegen.

— Bei der Verwendung von naturfarbenen Holzteilen des Spielsatzes erleichtert oft eine dunkle Unterlage die Konzentration auf dieses Material. Farbige Teile können auf einer einfarbigen Unterlage leichter erkannt und unterschieden werden.

— Wenige, aber starke taktile Zusatzqualitäten am Material lassen oft bestimmte Merkmale besser hervortreten.

— Die Einengung des Spielraumes, ja sogar des Grundbrettes, durch Unterteilung oder Abdeckung kann im Einzelfall hilfreich sein.

4.4.2 Vorschlagliste für Zusatzmaterialien

Es erscheint sinnvoll, den Pertra-Spielsatz durch bestimmte Zusatzmaterialien zu ergänzen, bzw. bei Bedarf Einzelteile des Spielsatzes selbständig zu verändern.

Zusatzmaterialien:

— Blanco-Holzteile (evtl. aus Sperrholz) in folgenden Größen:
quadratische Einlegebrettchen (z.B. für die Erstellung von eigenen Memories, Lottos, Schraubpuzzles etc.)

schmale Holzbrettchen (z.B. für die Erstellung von Dominos etc.)

Platten in Größe des Grundbrettes (z.B. für die Erstellung von „Formenboxen")

Würfelformen ohne Bohrungen

— Holzstangen, passend zu Bohrungen (z.B. zur Erstellung von Dübeln)

— Holzhammer (z.B. zum Einschlagen von Kugelbolzen)

— Magnete (z.B. zum Verbinden von Brettchen, als Angelhaken)

— Seile, Schnüre verschiedenster Qualität (z.B. zum Aufhängen/Ziehen des Grundbrettes, zum Knoten/Schleife binden/Weben)

— Tesamol, Tesakrepp, Tesafilm, Doppelklebepunkte, Knetmasse, Klettband (z.B. zum kurzfristigen Verbinden/Anheften von Teilen, als taktile Zusatzqualität)

— streich-, form- und knetbare Massen (z.B. zum Abformen von Teilen)

— Papier, Pappe, Wellpappe, Folie (z.B. zum Durchlöchern/Einstanzen, für Aufbauten)

— Papprühren, Trinkhalme (z.B. für Kugelbahnen, Jonglierspiele, Blasspiele)

— wasserlösliche Folien- und Wachsmalstifte, Kreide, Farb-/Buchstaben-/Ziffern-/Bildaufkleber (z.B. zum Markieren/Beschriften von Teilen, zum Erstellen von Spielen auf dem Grundbrett)

- Klammern, Zangen aller Art, Pinzetten (z.B. zum Hochheben, Festzwicken, Spuren)
- lange Schrauben mit Muttern (z.B. für Schraubpuzzles)
- Gummi-/Einweckringe (z.B. zum Einkreisen/Zusammenhalten von Teilen)
- Knöpfe, Muggelsteine, Papierkugeln, Murmeln, Glockenkugeln (z.B. für Kugelbahnen, als Markierung)
- Luftballons, Japanbälle, Luftschlangen, Bleisäckchen (z.B. für Wurf- und Zielspiele)
- Belebungsmaterial (z.B. zum Ausgestalten von „Straßen")
- Materialien mit starken taktilen Qualitäten wie Wasser, Styropor, Sand, Erde, Rinde, Erbsen, Bohnen, Fell, Stoff
- Bewegungsangebote wie Matratzen, Schlauchreifen, Bretter, Kisten, Stangen, Leitern, Tücher, Decken, Teppiche, Schaukelhaken, Expanderfedern, Reifen, Bälle
- Bewegungsgeräte wie Pedalos, Rollbretter, Laufdollis, Rollschuhe, Stelzen, Hängematten, Schaukeln, Karussel.

PERBO-Bohrmaschine mit Handbetrieb (Holz-Hoerz)

5. Spielmöglichkeiten mit dem Pertra-Spielsatz im systematischen Förderaufbau

Mit dem Pertra-Spielsatz lassen sich Spielmöglichkeiten für alle Entwicklungsstufen und -bereiche finden und gestalten (s. 3. Förderung der kindlichen Entwicklung). Die im folgenden dargestellten Spielangebote wurden großenteils von Kindern erfunden. Häufig brachten die Kinder dabei in das von Erwachsenen angebotene Spiel(-material) zusätzliche Materialien ein, bzw. veränderten je nach ihrer momentanen Interessenlage, ihrer Spielumgebung und ihrer Spielvorerfahrung die vorgeplante und beabsichtigte Zielstellung. Meist konnte jedoch gleichzeitig beobachtet werden, daß sich die Kinder durch das offene Angebot auf ihrer Entwicklungsstufe als gesamte Persönlichkeit forderten und weiterentwickelten. Selten fühlten sie sich unter- oder überfordert, und verloren dadurch vorzeitig die Lust am Umgang mit diesem Spielmaterial. Nach relativ kurzer Zeit zeigten viele Kinder große Kreativität im Erfinden von neuen Spielsituationen, bei der Verwendung und Umgestaltung von phantasieanregendem Material, wie auch bei der Einbeziehung anderer Spielsachen in den Pertra-Spielsatz.

Die Spielangebote sind im folgenden so aufgebaut, daß sie den kindlichen Entwicklungsverlauf berücksichtigen, allgemeine und spezielle Förderprinzipien einbeziehen und sich an einzelne Kinder bzw. Kindergruppen wenden. Der grundsätzliche Aufbau der Spiele und die Reihenfolge der Förderstufen sollte immer beibehalten werden, wenn sinnvolle und systematische Förderung angestrebt wird. Die Angebote dürfen aber nicht als ein „Rezept-Buch" verstanden werden, das von Anfang bis Ende durchgeführt werden muß, oder aber das völlig planlos eingesetzt werden kann. Vielmehr sollten die Spielbeschreibungen Anregungen setzen, zum eigenen Weiterdenken auffordern und kreatives Handeln bei Erwachsenen und Kindern fördern.

5.1 Basisbereich

Basisbereich	:	5.1.1 Taktil-kinästhetische Wahrnehmung
Förderschwerpunkt:		Körperberührung und Körperkontakt

Hinweise:

Das Kind nimmt mit seinem ganzen Körper ununterbrochen Reize über die Haut auf. Es empfindet dabei einige Hautreize als angenehm, andere als unangenehm. Es versucht auch bereits sehr bald, eine Auswahl unter diesen Reizen zu treffen.

Bietet man dem Kind gezielt Spiele und Materialien an, die direkte Hautberührung erfordern, sollte man zuerst beobachten, ob das Kind starke Druckreize oder leichte Berührungsreize bevorzugt, ob es lieber mit rauhen oder weichen Spielsachen oder Materialien umgeht. Ist das Kind taktilen Reizen gegenüber besonders empfindlich und ablehnend, muß man sehr behutsam und verständnisvoll vorgehen, um die Abwehrhaltung beim Kind nicht zu verstärken. Das Ertragen von Körperkontakt ist nämlich Grundvoraussetzung für die spätere Unterscheidung und Verarbeitung von taktilen Reizen.

Bei allen Spielen sollte das Kind möglichst wenige Kleidungsstücke anhaben, um wirklich mit seinem ganzen Körper die angebotenen taktilen Reize aufnehmen zu können. Alle Spiele sollten in abgedunkelten Räumen und möglichst oft mit geschlossenen Augen durchgeführt werden. Nur durch die Ausschaltung des starken visuellen Systems kann nämlich vorrangig das Tastsystem angesprochen werden.

Spielmöglichkeiten:

Häuser, Höhlen
Das Kind baut sich aus Decken, Matratzen, Schlauchreifen usw. Häuser oder Höhlen. Es sammelt als König/Pirat „Schätze" (z.B. alle roten Einlegeplatten) oder als Eichhörnchen „große und kleine Nüsse" (Holzkugeln) in seinen Bau.

Es bekommt in seinem „dunklen Haus" von einem anderen Kind Besuch und versucht, dieses durch Abtasten zu erkennen. Beide Kinder schütteln sich z.B. zur Begrüßung die Hände und umarmen sich. Dann serviert der Hausbesitzer auf einem Tisch (Grundbrett auf vier Holzstäben) ein „Essen" aus den gesammelten Schätzen.

„Wetterspiele"

Zwei Kinder oder Erwachsene halten ein großes Laken/Plane/Fallschirmtuch an den vier Ecken fest und schwingen es schnell hoch und nieder, sodaß starker Wind entsteht. Ein drittes Kind rollt eine Kugel/Walze/Scheibe unter dem Schwungtuch hindurch und versucht, diese im „Sturm" wieder einzufangen, ohne dabei das Tuch zu berühren.

Ein Kind hüllt sich fest in eine Wolldecke (den Kopf schützen). Die anderen lassen die Holzkugeln auf das Kind „herunterregnen". Sie werfen die Kugeln als „Schneebälle" auf das Kind.

benötigte Zusatzmaterialien:
Planen, Decken, Tücher

eigene Ideen:

Hinweise:

Taktile Anregung wirkt auf den Muskeltonus ausgleichend. Sie fördert die Figur-

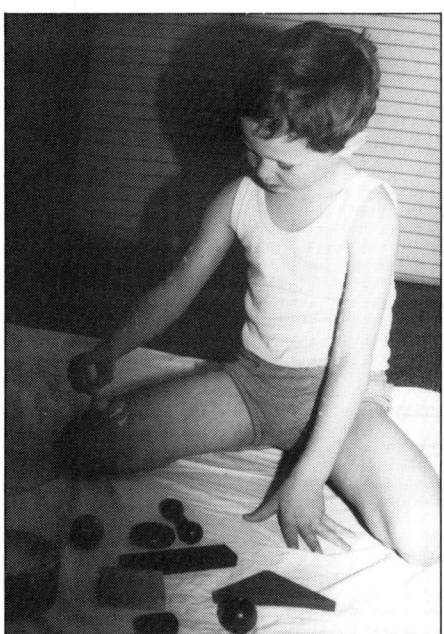

Grund-Unterscheidung und trägt zur Bildung des Körperschemas bei. Tastreize wirken anregend auf die Finger-, Hand- und Fußmotorik und auf die Wahrnehmung und Unterscheidung von Reizen durch diese Körperteile. Da ein enger Zusammenhang zwischen Hand-/Fingermotorik und Mundmotorik besteht, wirkt taktile Förderung auch auf das Sprechen entwicklungsfördernd. Durch gezielt gesetzte taktile Stimulation kann sich bei Kindern Übererregung vermindern.

Spielmöglichkeiten:

Rasierschaum, Creme, Fingerfarbe
Das Kind reibt seine Arme oder Beine mit Rasierschaum ein. Dann spurt es mit den Einlegeplatten, den Kugelbolzen oder den Kugeln „Wege" in den Schaum.

Es legt auf seine Arme oder Beine verschieden geformte Einlegeplatten und Holzbrettchen. Es umfährt diese mit Creme oder übersprüht sie mit Rasierschaum. Dann nimmt es sie wieder ab und betrachtet die entstandenen Schablonenformen.

Wir stellen dem Kind Schälchen mit leimverdünnten Fingerfarben zurecht. Es taucht die Einlegebrettchen in diese Farben und drückt sie auf seinem Körper ab.

Borsten, Fell, Schaumstoff, Sand
Wir bohren in die quadratischen Holzbrettchen entlang der aufgedruckten Symbollinien kleine Löcher. Das Kind steckt in diese Löcher z.B. kleine Borstenpinsel,

Schaumstoffröllchen, Gummistöpsel, Kunststoffwalzen, Sand oder Fellreste. Es tastet die Formen ab und erkennt auch mit geschlossenen Augen cas Material und evtl. die Form.

Das Kind baut aus den Einlegebrettchen Straßen (Oberseite Rillenfräsung). Dann füllt es die Rillen mit Sand. Es kann dafür eine große Holzkugel als „Trichter" verwenden. Es läßt seine Finger als „Räumfahrzeuge" durch die Straßen fahren und Sandberge aufhäufen.

benötigte Zusatzmaterialien:
Rasierschaum, Creme, Fingerfarben, Sand, Fell, Borsten, Gummistöpsel, Kunststoffwalzen, Schaumstoff

eigene Ideen:

49

Spielmöglichkeiten:

Wir legen gemeinsam mit dem Kind im Raum verschiedene Unterlagen (Matratzen, Schlauchreifen, Decken, Kissen, Bretter, etc.) aus. Jeder Unterlage wird ein bestimmtes Holzteil aus dem Pertra-Satz zugeordnet (evtl. ein Teil auf der Unterlage liegen lassen). Das Kind erhält einen Sack mit den entsprechenden Holzteilen. Es bindet seine Augen zu und krabbelt oder läuft los. Kommt es auf eine Unterlage, ertastet es diese und das dort liegende Holzteil. Es sucht aus seinem Sack das gleiche Teil heraus.

Wir legen das Grundbrett mit einem gut tastbaren Material (z.B. Sandpapier, Schaumstoff, Fell, Holz, Plastik, Cordstoff) aus. Das Kind sucht Dinge im Raum, die zu der Oberflächenstruktur des Grundbrettes passen. Wir können dazu auch verschiedene Grundbretter gleichzeitig verwenden.

Wir bekleben je zwei Kugeln, quadratische Holzbrettchen oder Muldenknochen mit jeweils dem gleichen Material. Das Kind sucht mit geschlossenen Augen durch Abtasten je zwei zusammengehörige Teile.

Wir bohren in die verschiedensten Pertra-Teile kleine Löcher (z.B. mit Perbo) und setzen in diese Borsten-, Gummi-, Schaumstoff-, Kunststoff- oder Holzstöpsel ein. Das Kind schließt seine Augen. Ein anderes Kind streicht ihm mit der „Fühlseite" eines solchen Holzteiles über Wangen, Arme, Hände, Beine, Bauch oder Rücken. Das erste Kind errät das Material und sucht sich ein Holzteil mit den gleichen Stöpseln.

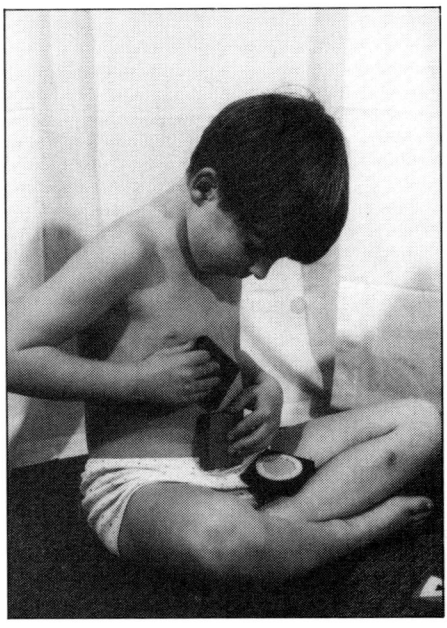

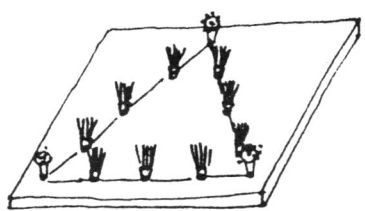

Das Kind schaut die Vorderseite der Kunststoffeinlegebretter genau an. Es dreht ein Brettchen um und formt auf der Rückseite des Brettchens die Linie aus Knetmasse, Ton, Lehm, Sand, Erbsen, Linsen, Reis etc. nach. Es sucht ein zweites gleiches Einlegebrettchen und vergleicht sein Ergebnis.

benötigte Zusatzmaterialien:

verschieden strukturierte Materialien (Fell, Cord, Plastik, Sand, Schaumstoff etc.), Stöpsel mit Borsten etc. (evtl. mit Knetmasse befestigen), Decke, Tuch, Maske

eigene Ideen:

Spielmöglichkeiten:

Taststraßen

Wir bauen aus den verschiedensten Teilen des Pertra-Satzes Taststraßen auf. Das Kind geht oder krabbelt diese mit geschlossenen Augen ab oder läßt sich auf ihnen entlangführen.

Mögliche Anordnungen:
— Einlegebrettchen als zusammenhängende Wege, evtl. auch für beide Füße einzeln,
— Stangen als schmale Pfade zum Balancieren,
— große Einlegebretter als Brücken (auf Bauklötze oder auf umgedrehte Holzkisten legen),
— Zahnräder oder Lochscheiben als Trittsteine im Wasser,
— Kugeln in einer Begrenzung (z.B. auf dem Grundbrett) als Glatteis oder Schnee,
— leere umgedrehte Holzkisten als Treppen.

Das Kind ordnet die rillengefrästen Einlegebrettchen auf dem Grundbrett als Straßen. Es legt die Rillen mit Fellstreifen aus, bei denen man gut die Strichrichtung der Borsten ertasten kann. Das Kind setzt eine Maske auf und läßt ein Auto auf der Straße fahren. Dabei fährt es einmal mit dem Strich vorwärts und einmal gegen den Strich rückwärts.

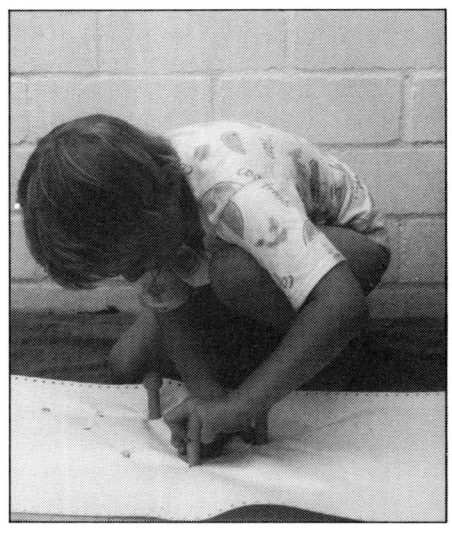

Auf dem Grundbrett wird ein großes weiches Papier befestigt. Das Kind bohrt mit einem Kugelbolzen Löcher in Wegform in das Papier. Dann schließt es die Augen und findet durch Abtasten den Weg wieder.

Tastbilder, Tastausstellungen

Jedes Kind erhält ein Grundbrett. Mit Kugelbolzen, Doppelkonus und Aufsteckku-geln, Lochscheiben, Zahnrädern etc. steckt es ein Bild (z.B. Sonne, Haus, Auto). Es tastet sein eigenes Bild und die Bilder der anderen Kinder ab. Dann mischen die Kinder ihre Bilder, schließen die Augen und versuchen, ein fremdes Bild mit Händen oder Füßen zu erkennen.

Holzteile des Pertra-Satzes werden mit Doppelklebepunkten versehen und zu Bil-dern an der Wand angeordnet. Das Kind kann auch Zusatzmaterialien wie Fell, Stoff, Knet etc. zur Gestaltung verwenden. Nach Fertigstellung schließt es seine Augen und tastet seine Bilder noch einmal ab. Sind mehrere Kinder am Spiel be-teiligt, kann jedes Kind sein Bild in einen flachen großen Karton kleben. Diese „Häuser" werden dann als „Stadt" an die Wand gehängt. Wer findet jetzt auch in der „Nacht" seine Wohnung?

benötigte Zusatzmaterialien:

Doppelklebepunkte, Kartons, verschiedene weiche Unterlagen, Papier, gut tast-bare Bastelmaterialien

eigene Ideen:

53

Spielmöglichkeiten:

Form, Größe

Das Kind erhält verschiedene Holzteile aus dem Pertra-Spielsatz. Es sucht jeweils ein gleiches Teil aus den Kästen und ordnet es ihm zu. Es legt die gefundenen Paare unter eine Decke, mischt und findet die Teile durch Abtasten wieder zusammen.

Auf dem Grundbrett liegen je ein großes und kleines Dreieck, Quadrat und Rechteck. Das Kind sucht die gleichen Holzteile aus einem großen Stoffsack, in dem auch Teile enthalten sind, die nicht passen. Die Formen können taktile Zusatzqualitäten erhalten, z.B.

— Tastpunkte/-streifen aus Fell, Schaumstoff, Cord, Holz, Sandpapier, Gummi;

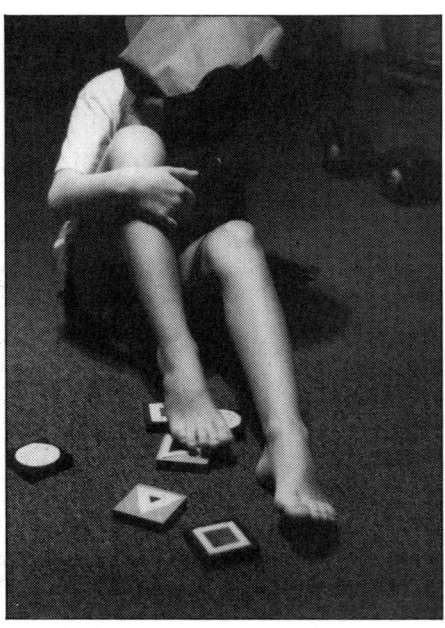

— verschieden große Bohrungen (z.B. mit Perbo) in der Mitte;

— Taststöpsel mit Borsten etc. in Bohrungen, die entlang der Umrißlinie gesetzt werden.

Das Kind setzt eine Maske auf und baut so aus den Konusstangen und den Kugeln, Walzen, Scheiben oder Lochscheiben „Bäume" oder „Türme", die sich nach oben stetig verjüngen.

Das Kind steckt aus fünf verschieden langen Holzstäben eine Treppe. Es sucht sich entsprechend viele verschieden große Aufsteckkugeln und setzt sie auf die jeweils zugehörige Stange. Es führt das Spiel mit geschlossenen Augen durch. Es kann dabei mit dem größten oder kleinsten Stab beginnen, oder auch eine vorgesteckte Anordnung durch Abtasten nachbauen.

Anzahl, Temperatur

In kleine Säckchen mit Reißverschluß wird jeweils eine andere Menge Walzen, Kugeln etc. gesteckt. Durch Abtasten stellt das Kind die Anzahl fest. Es ordnet je zwei Säckchen mit gleicher Anzahl einander zu. Es legt die Säckchen nach ansteigender Menge auf dem Boden aus und macht dann jeweils entsprechend viele Sprünge über das Säckchen.

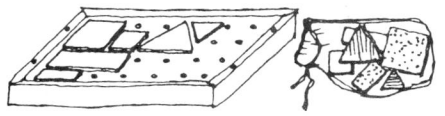

Das Kind fädelt auf 2—3 Seile je eine andere Anzahl Kugeln, Walzen etc., die es durch Abtasten noch gut zählen kann. Es schließt die Augen. Ein anderes Kind entfernt von einem Seil ein oder mehrere Gegenstände. Durch erneutes Abfühlen findet das erste Kind dieses Seil heraus.

Wir legen einige Holzteile in den Schnee, den Kühlschrank oder auf die Heizung. Hat das Holz die entsprechende Temperatur angenommen, mischen wir die Teile mit solchen, die zimmerwarm sind. Das Kind sucht mit Händen, Füßen oder mit Hilfe seiner Wangen durch Abtasten die kalten, zimmerwarmen oder warmen Teile heraus.

Es legt sich auf den Bauch oder Rücken und entscheidet, ob ein auf seinen Körper aufgelegtes Teil kalt oder warm ist.

Es findet aus einer aufgefädelten oder gesteckten Reihe von Kugeln die einzige warme oder kalte Kugel heraus.

benötigte Zusatzmaterialien:
Decke, Säckchen mit Reißverschluß, gut tastbare Materialien.

eigene Ideen:

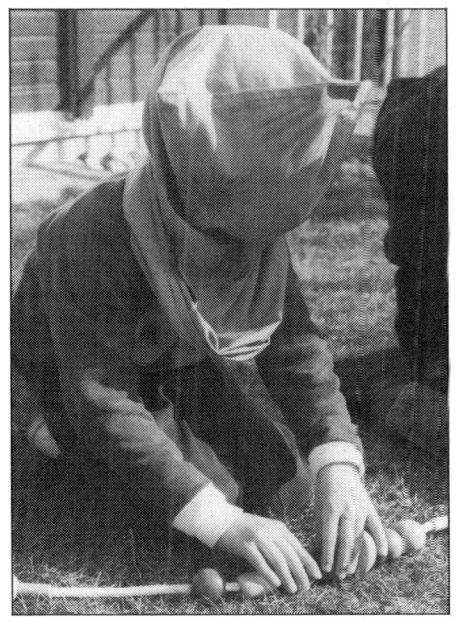

Hinweise:

Bewegungsspiele bereiten den meisten Kindern großen Spaß. Hat ein Kind jedoch eine gestörte Gleichgewichtswahrnehmung, reagiert es auf Bewegt-Werden oder Sich-Selber-Bewegen oft sehr zurückhaltend und ängstlich. Aktive Bewegung und Ablenkung während des Bewegungsspieles stellen für diese bewegungssensiblen Kinder oft wirksame Hilfen dar.

Daneben gibt es Kinder, die unersättlich bestimmte Bewegungsarten fordern. Ihre Gleichgewichtswahrnehmung ist in den meisten Fällen noch unterentwickelt und benötigt daher besonders intensive Anregung.

Für alle Bewegungsangebote gilt eine angemessene Absicherung gegen mögliche Unfälle, nicht aber eine ständige Hilfestellung und Überwachung.

Spielmöglichkeiten:

Das Grundbrett wird mit seinen Eckbohrungen an stabilen Seilen befestigt und an zwei Schaukelhaken aufgehängt. Da das Brett relativ groß ist, eignet es sich gut zum Schaukeln im Liegen, Knien, Hocken und Stehen. Auch Säuglinge und Kleinkinder können im Beisein von Erwachsenen auf diesem Brett sanft schaukeln. Um mögliche Gefahren zu verringern, kann das Brett beinahe in Bodennähe aufgehängt werden.

Durch Befestigen des Brettes an einem Deckenhaken wird eine Hin-/Herbewegung möglich.

Unter der Schaukel oder in Greifnähe werden verschiedenfarbige Autos, Männchen, Holzkugeln, Einlegebrettchen etc. verteilt. Das Kind versucht, während des Schaukelns bestimmte Teile wegzuschieben oder einzusammeln.

Fahrzeuge

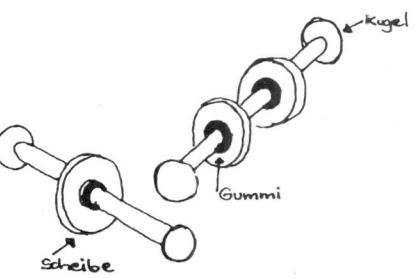

Aus einem Stab und ein oder zwei Lochscheiben, Zahnrädern oder Kugeln baut das Kind ein „Fahrzeug". Es hält den Stab mit zwei Händen fest und „fährt" durch das Zimmer. Es bremst ab, beschleunigt und ändert seine Fahrtrichtung.

Unter das verkehrt herum gelegte Grundbrett werden möglichst viele gleich große Holzkugeln gelegt. Das Kind setzt sich auf das Grundbrett und fährt damit als „Auto" los. Es läßt sich ziehen oder schieben. Ein ähnliches „Auto" kann aus Grundbrett und Muldenknochen hergestellt werden.

benötigte Zusatzmaterialien:

Schaukelseile, zwei Deckenhaken

eigene Ideen

57

Wir bauen aus einem Schlauchreifen und dem Grundbrett ein „Sprungbrett". Das Kind federt im Sitzen, Knien und Stehen auf dem Sprungbrett. Es springt von dem Brett auf eine Matratze, Matte oder einen gepolsterten Kasten. Alle diese Spiele lassen sich auch mit geschlossenen Augen durchführen.

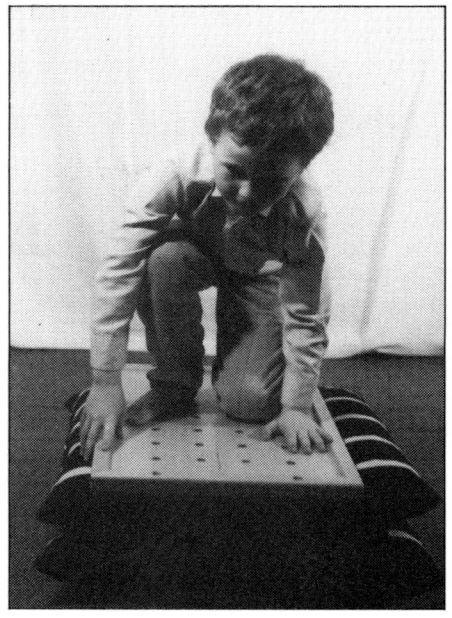

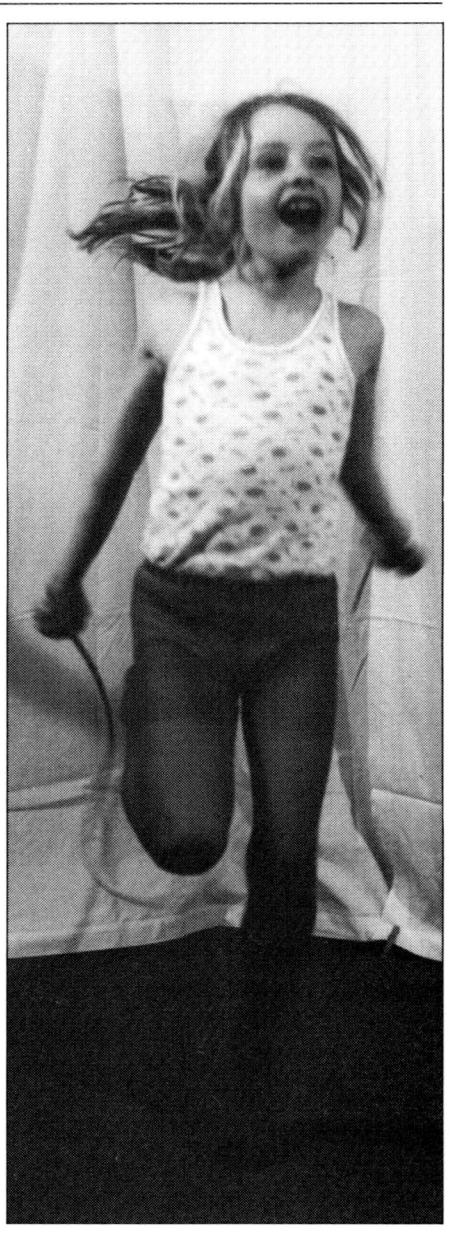

Liegt das Brett auf Matratzen, Luftmatratzen, Luftkissen, Schaumstoffbällen usw., entsteht jedesmal eine andersartige Auf-/Abbewegung, die dem Kind Reize vermittelt.

Seilspringen

An die Enden eines langen Seiles werden große Aufsteckkugeln als Griffe gesteckt. Das Kind kann mit diesem Springseil vielerlei Hüpfspiele ausführen.

Gummi-Twist

Mehrere Gummischnüre werden entweder verknotet und um Stuhlbeine gespannt oder in zwei entfernt liegende Grundbretter verstöpselt. Mit dieser Anordnung lassen sich die meisten Gummi-Twist-Spiele durchführen.

Wippen

Als Wippbrett dient das Grundbrett, für kleine Kinder evtl. auch ein langes Einlegebrett.

Als Wippenfuß können u.a. folgende Anordnungen verwendet werden:

— ein oder mehrere zusammengestöpselte Muldenbrettchen;
— langer Holzstab, an dessen Enden Würfeln/Kugeln stecken;
— Holzstab, der in ein oder zwei Lochscheiben/Zahnrädern steckt und an seinen Enden mit kleinen Holzkugeln verstöpselt ist;
— die Holzkisten, hoch oder quergestellt.

Alle Anordnungen können kombiniert und erhöht werden. Das Wippen ist im Liegen, Sitzen, Knien und bei Hilfestellung evtl. auch im Stehen möglich.

benötigte Zusatzmaterialien:

Schlauchreifen, Matratzen

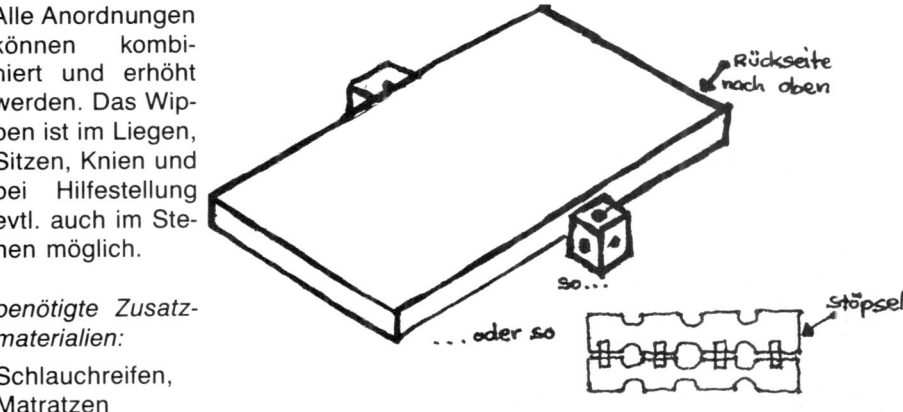

eigene Ideen:

Spielmöglichkeiten:

Schaukel

Wir ziehen durch die vier Eckbohrungen des Grundbrettes stabile Seile, binden diese zusammen und hängen das Brett an einer Expanderfeder an einem Deckenhaken auf. Diese „Schaukel" kann nun z.B. rhythmisch zu einem vorgegebenen Takt hoch und nieder wippen.

Wir legen unter die Schaukel ein weiteres Grundbrett. In seine Löcher stecken wir verschiedenfarbige Kugelbolzen ganz leicht hinein. Das Kind versucht, jedesmal beim Abwärtsschaukeln mit seinen Füßen einen Bolzen tief in das Brett hineinzustoßen.

Am Deckenhaken werden gleichzeitig mit der Expander-Schaukel auch die Gummischnüre befestigt. Das Kind greift beim Aufwärtswippen nach einer Schnur, dehnt sie und läßt sie wieder hochschnalzen.

Das Kind legt sich in Bauchlage auf das Schaukelbrett (evtl. weiche Unterlage verwenden), streckt Arme und Beine aus und fliegt als „Drachenflieger"/„Vogel" im Kreise herum. Es stößt sich möglichst selber am Boden ab. Dann hält es an.

Es dreht sich im Sitzen auf dem „Kettenkarussel" in verschiedene Richtungen. Es versucht, während des Kreiselns mit seinen Füßen bestimmte Dinge (z.B. Kugeln) auf dem Boden wegzustoßen oder mit seinen Händen bestimmte zugereichte Gegenstände zu erwischen.

Karussel

Unter das Grundbrett werden ein ge gleich große Kugeln gelegt. Das Kind dreht sich auf dem „Karussel" durch Abstoßen am Boden. Es „rudert" sich mit Holzstäben im Kreis herum. Es versucht, trotz geschlossener Augen die Orient erung nicht ganz zu verlieren.

benötigte Zusatzmaterialien:

Seile, Expanderfeder, Deckenhaken

eigene Ideen:

Hinweise:

Propriozeption wird oft auch als Eigenwahrnehmung oder Tiefenwahrnehmung bezeichnet. Besondere Rezeptoren in Gelenken, Muskeln und Sehnen reagieren auf Reize, die durch Zug und Druck bzw. durch Anspannung und Entspannung entstehen. Erst die Verarbeitung dieser Informationen ermöglicht es dem Gehirn, ständig über die Stellung aller Körperteile zueinander, über ihre Bewegungen und den dafür benötigten Kraftaufwand Bescheid zu wissen.

Spielmöglichkeiten:

Ziehspiele

Das lange Seil wird an seinen Enden mit zwei großen Aufsteckkugeln versehen. Zwei Kinder spielen mit diesem Seil „Tauziehen". Auch mit der langen Konusstange (bzw. zwei durch einen Würfel verbundenen Konusstangen) läßt sich dieses Spiel durchführen.

An Stäben oder Seilen zieht ein Kind ein anderes, das auf einem beweglichen Untersatz sitzt (z.B. Rollbrett, Decke). Dieses Kind kann gleichzeitig „Schätze" einsammeln, die am Wege liegen.

Die Kinder bauen aus den Pertra-Teilen Wege mit Hindernissen auf. Ein Kind schließt als „Blinder" seine Augen. Ein anderes Kind zieht (oder schiebt) es um die Hindernisse herum zu einem festgelegten Zielpunkt.

Zwei Kinder stehen sich Rücken an Rücken gegenüber. Sie klemmen eine Holzstange mit Kugelenden zwischen ihre Beine und „reiten" in die entgegengesetzte Richtung. Wer kann dem anderen das „Pferd" zuerst wegziehen oder ihn aus dem Reifen herausdrängen? Wer kann beim „Reiten" als erster eine vor ihm auf dem Boden stehende Figur ergreifen?

Das Kind steckt in die Randbohrungen des Grundbrettes Gummischnüre. Dann belädt es sein „Auto" und zieht es durch den Raum. Je nach Unterlage gleitet das Brett mit größerem oder geringerem Kraftaufwand.

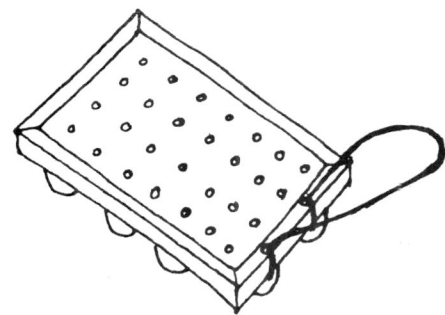

benötigte Zusatzmaterialien:

beweglicher Untersatz (z.B. Rollbrett, Kiste/Korb mit Rädern, Decke zum Ziehen) Maske, Tücher.

eigene Ideen:

Spielmöglichkeiten:

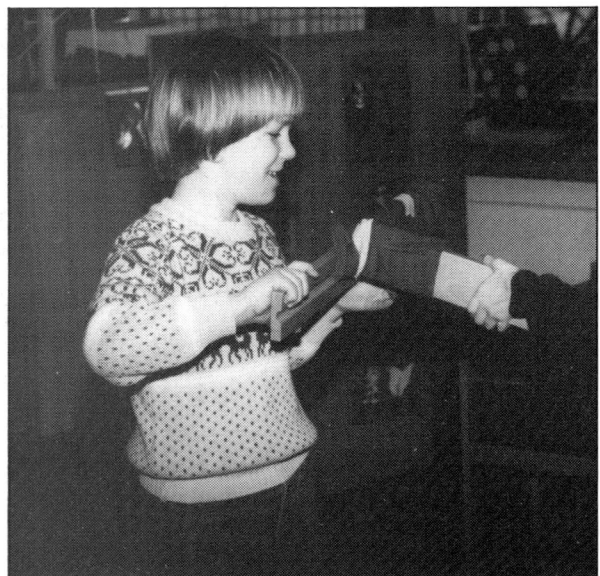

Zwei Kinder spielen „Fischerstechen". Sie umwickeln je ein langes Einlegebrett mit weichen Tüchern, stellen sich auf ihr „Boot" (z.b. Reifen, Tuch, Therapiekreisel) und versuchen, sich mit den umwickelten Holzenden wegzustoßen. Wer fällt als erster ins „Wasser"?

Ein Kind stellt sich auf die langen Einlegbretter als „Schier". Ein anderes Kind versucht, den „Schifahrer" vorwärts zu schieben.

Tragen schwerer Gegenstände

Die Kinder spielen „Lastenträger": Sie packen möglichst schwere Dinge (z.B. gefüllte Holzkisten) auf das Grundbrett und tragen es in ein „neu erbautes Haus". Sie tragen das Brett alleine oder mit einem Partner zusammen. Sie nehmen das Gepäck auf den Kopf oder Rücken. Sie balancieren es als „Kellner" auf den Armen oder als „Clown" auf den Beinen. Sie tragen „Umzugskisten" (Holzkästen) über „Baustellen" oder „Einkaufskörbe" nach Hause.

Hüpfspiele

Die Kinder bauen aus Pertra-Holzteilen
und Matratzen/Matten eine Bahn für ein
„Pferde-Springen". Sie schaffen dabei
verschieden hohe „Sprungtürme", „Was-
serlöcher", Hindernisse etc. Das Springen führen sie auf selbstgebauten „Tieren" (Stange mit Kopf aus Kugeln, Würfeln etc.) in verschiedenen Gang-/
Sprungarten durch.

Das Kind verteilt auf dem Boden möglichst viele Einlegebrettchen. Dann versucht es, auf einem Hopsball reitend,
beim Umherhüpfen bestimmte Brettchen zu treffen (z.B. alle roten).

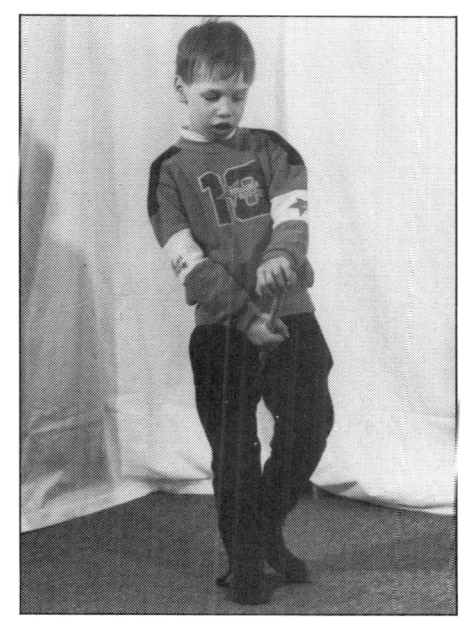

benötigte Zusatzmaterialien:

Hüpfball, Therapiekreisel, Reifen, Matten, Matratzen

eigene Ideen:

65

Hinweise:

Viele Kinder können mit dem gesamten Körper großen Zug oder Druck ausüben. Bestimmte Körperteile (z.B. Finger, Hände, Arme, Lippen) können sie jedoch nicht isoliert anspannen, mit ihnen Zug ausüben oder Druck standhalten.

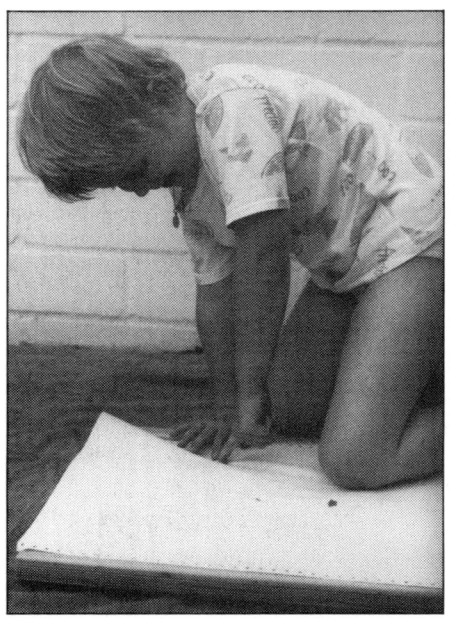

Spielmöglichkeiten:

Arme, Hände, Finger

Das Kind bläst Luftballons auf. Dann nimmt es in jede Hand einen Kugelbolzen (Muldenknochen, Männchen, Konusstange, Einsteckteil mit Doppelzapfen etc.) und versucht, mit diesen die Ballons durch Zusammendrücken platzen zu lassen.

Das Grundbrett wird mit Papier ausgelegt. Das Kind ertastet die Löcher und durchbohrt an dieser Stelle mit dem Finger das Papier.

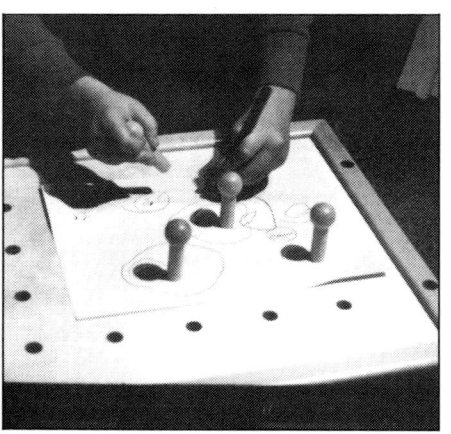

Wir decken das Grundbrett mit Staniolfolie ab. Das Kind ertastet die Löcher und gestaltet durch festes Eindrücken der Folie „Bilder".

Das Kind ordnet verschieden geformte Holzteile zu einem Bild an. Dann breitet es über die so gelegten Holzteile Staniolfolie und drückt sie durch „Überrubbeln" ab.

Wir rühren in einer flachen Schale Gips an und lassen ihn nahezu fest werden. Das Kind drückt nun mit Holzteilen und Fingern Bilder und Muster in die Gipsplatte

Wir befestigen an den Pertra-Teilen möglichst starke Magnete:
— Das Kind hängt die Teile als „Eisenbahn" zusammen und „rangiert" mit Wagen und Zügen.
— Es angelt mit einer Angel (Konusstange mit einem Magneten an einer Schnur) bestimmte Holzteile, z.b. alle rillengefräßten Einlegebrettchen, die es für einen Kreis benötigt.
— Es baut aus den sich anziehenden Holzteilen Häuser, Fahrzeuge, Tiere etc. auf.

Das Kind steckt die Kugelbolzen in das Grundbrett. Dann gestaltet es „Fadenbilder", indem es um die Kugelbolzen farbige Gummischnüre zieht.

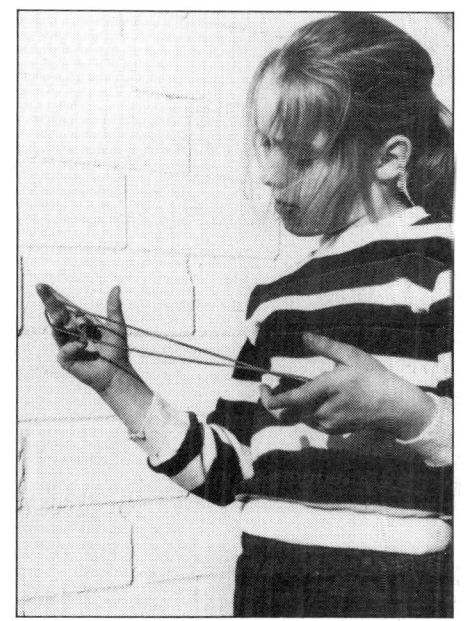

Wir verknoten jede Gummischnur zu einem „Gummiring". Das Kind spannt diese Ringe um seine Hände (Beine) und versucht, sie möglichst weit zu spannen.

benötigte Zusatzmaterialien:
Papier, Staniolfolie, Gips, flache Schale, Luftballons, möglichst starke Magnete, die evtl. in die Bohrungen passen

eigene Ideen:

Hinweise:

Riechen und Schmecken sind sehr früh entwickelte Wahrnehmungsfunktionen. Daher erfassen der Säugling und das Kleinkind ihre Umwelt anfangs stark über Mund und Nase. Aber auch das heranwachsende Kind und der Erwachsene erhalten mit Hilfe dieser Sinnesorgane bewußt oder unbewußt wichtige Informationen über ihre nahe Umgebung. Da Geschmacks- und Geruchsreize eine sehr intensive Anregung des Gehirns darstellen, sollten sie in jede Entwicklungsförderung einbezogen werden.

Spielmöglichkeiten:

Riechen

Wir füllen in die großen Aufsteckkugeln Wattebällchen ein und beträufeln sie mit stark duftenden Essenzen (z.B. Kaffee, Tee, Pfefferminzöl, Knoblauch- oder Zwiebelsaft, Parfüm). Verfärbte Watte überdecken wir mit einer dünnen Lage neuer Watte (evtl. statt der Kugeln auch die Kunststoffbrettchen verwenden).

— Das Kind schnuppert an den Kugeln und erkennt die Gerüche.

— Wir füllen Flaschen mit den gleichen Essenzen. Das Kind setzt die Kugeln als "Deckel" auf die zugehörigen Flaschen.

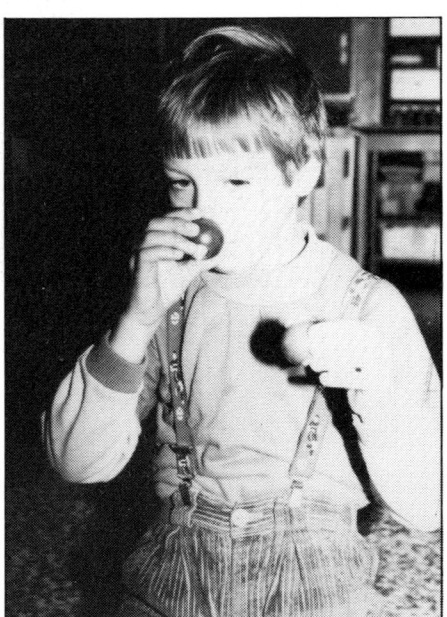

— Die Kinder spielen „Riech-Memory" mit je zwei gleich duftenden Holzkugeln.

Die Kinder legen auf dem Boden je zwei gleiche Einlegebrettchen aus. Auf die Brettchen stellen sie je zwei gleich duftende Kugeln. Ein Kind schließt seine Augen. Einige Kugeln werden vertauscht. „Riecht" das Kind den Fehler?

Wir streichen/tropfen in die Rillen der langen Einlegebretter an zwei oder drei Stellen stark riechende Essenzen. Das Kind schnuppert an jedem Brett entlang, bis es die „Duftmarken" gefunden hat.

Wir bauen aus dem Grundbrett und vier Konusstangen einen Tisch. Unter den Tisch stellen wir stark dampfende oder intensiv riechende Dinge (z.b. Zitronentee, Suppe, Tabak, Räucherstäbchen, Bienenwachs). Die Kinder erschnuppern die Dinge durch die Löcher des Tisches.

Schmecken

Wir kleben die gut gereinigten Scheiben mit Klebepunkten auf gleichfarbige Einlegeplatten. Das Kind deckt mit diesem „Geschirr" den Tisch (Grundplatte auf vier Konusstangen). Es füllt die Scheiben, z.b. mit Salz, Zucker, Mehl, Gries. Es versucht das „Essen" mit seiner Zungenspitze. Es „erschmeckt" diese Speise auch mit geschlossenen Augen.

benötigte Zusatzmaterialien:
stark duftende Essenzen und Flüssigkeiten, intensiv schmeckende Speisen, Watte

eigene Ideen:

69

5.2 Weiterführende Förderung

Hinweise:

Das Aufrichten gegen die Schwerkraft erfolgt über das Kopfheben und -drehen, das Armabstützen und Rumpfdrehen, das Hochziehen zum Sitzen, das Robben, Krabbeln und Kriechen, den freien Stand und schließlich die sichere Fortbewegung mit guter Balance. Alle diese Reaktionen müssen automatisiert sein und unbewußt ablaufen. Bei manchen Vorschulkindern erschweren noch vorhandene reflexhafte Reaktionen, eine ungenügende Bewegungskoordination, -gewandtheit, -geschicklichkeit, -ausdauer und -erfahrung, wie auch eine schlecht ausgebildete motorische Planungsfähigkeit eine angemessene Bewegungsentwicklung. Diese Kinder benötigen besondere Hilfen und Förderangebote, die unbedingt den natürlichen motorischen Entwicklungsverlauf berücksichtigen müssen.

Spielmöglichkeiten:

Aufrichten, Stand

Wir bauen aus Holzstäben, Würfeln und Spiralfedern auf dem Grundbrett einen möglichst hohen „Baum" auf. Das Kind nimmt Kugeln, Walzen und Scheiben vom Boden auf und steckt sie auf die bewegliche Spiralspitze des Turmes, bzw. an seitliche Äste. Es kann dabei einen roten, grünen, blauen oder gelben Baum bauen.

Verschiedene Fortbewegungsarten

Die Kinder bauen unterschiedlichste Wege und Straßen aus Teilen des Pertra-Satzes und weiterem Material:

— „Brücken" aus Holzkisten, langen Einlegebrettern, Grundbrettern, Stangen etc.;

— „Berge", „Treppen" aus Grundbrettern, Holzkisten, Stühlen, Tischen, Matratzen etc.;

— „Wege", „Pfade" aus Stangen, Einlegebrettern, Kugeln, Würfeln, Scheiben, Muldenknochen, Seilen, Tüchern, etc.;

— „Tretsteine" aus Seilen, Einlegesteinen, Grundbrettern, Zahnrädern, Reifen, Matratzen etc.;

— „Tunnels" aus hochgestellen Grundbrettern, evtl. mit Decken überhängt, Schlauchreifen, großen Kartons etc.;

— „Hürden" aus Stangen (hoch- und quergestellt), Holzkisten, aufgebockten langen Einlegebrettern, Seilen, Gummischnüren etc.

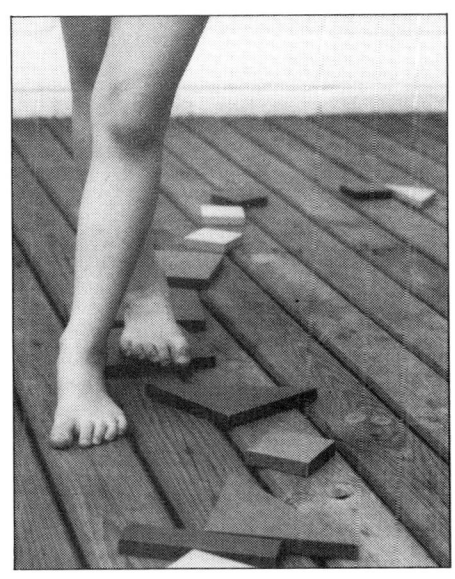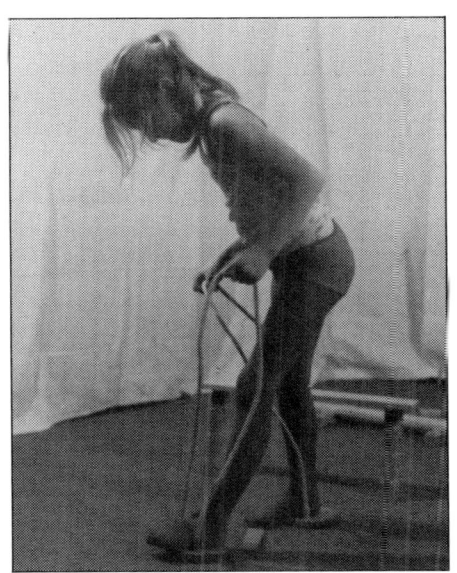

Die Kinder robben, kriechen, krabbeln, laufen, schreiten, hüpfen, rennen, balancieren diese Wege vorwärts und rückwärts. Sie legen die Wege schnell und langsam, mit offenen und geschlossenen Augen, mit und ohne Hilfestellung zurück. Sie denken sich zu den Wegen verschiedene Geschichten aus (z.B. Verkehr, Waldspaziergang, Sportveranstaltung etc.). Sie nehmen verschiedene Dinge auf ihren Wegen mit und spielen dabei „Postbote", „Kaufmann", „Umzugsauto", „Wanderer", „Schnecke", „Pferd", „Lassoschwinger" etc.

benötigte Zusatzmaterialien:

Matratzen, große Kartons, Stühle, Reifen

eigene Ideen:

71

Hinweise:

Kinder lieben schwierige Fortbewegungsarten. Sie können aber vorhandene Gefahren oft nicht richtig einschätzen. Durch vorherige Sicherungsmaßnahmen und durch geschickte Gestaltung des Spielangebotes sollten Gefahren daher so weit reduziert werden, daß Kinder selbständig spielen können, daß sie vom Spiel gefordert, jedoch nicht überfordert werden. Behutsame und aufmunternde Hilfestellung bzw. eine einfachere Spielanordnung ist immer geboten, wenn ein Kind Angst zeigt. Kindliche Angst ist fast immer ein echtes Anzeichen für Unvermögen, d.h. Überforderung.

Spielmöglichkeiten:

Fortbewegungsarten mit hoher Balance-Anforderung

Das Kind schnallt sich mit Hilfe von Gummis, Einweckringen oder Schnüren 4-Lochbrettchen oder Einlegebrettchen (evtl. mit untergelegten Muldenknochen) unter die Füße oder Knie und bewegt sich mit ihnen wie auf „Rollschuhen" vorwärts. Es nimmt evtl. lange Holzstäbe als Stützen zu Hilfe.

Wir ziehen unter zwei großen Zahnrädern lange Seile durch und verbinden sie zu armhohen Schlaufen. Das Kind läuft auf den Zahnrädern wie auf Stelzen oder Laufdollis und hält dabei die Schlaufen fest. Es durchläuft Hindernisbahnen und macht Wettläufe.

Das Kind legt in eine mit weichem Stoff umwickelte Tonne/Rolle z.B. quadratische Einlegebretter oder Kugeln. Es steigt auf die Tonne und versucht, diese im Sitzen, Knien oder Stehen vorwärts zu bewegen. Dabei darf kein Brettchen oder keine Kugel herausrollen.

Wir legen eine Leiter auf den Boden (auf zwei Kisten/Stühle):

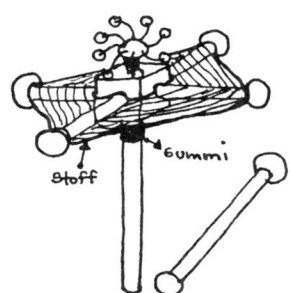

— Das Kind balanciert über die Leiter und nimmt dabei als „Seiltänzer" Balancierstäbe oder einen „Schirm" mit.
— Es zieht ein langes Seil (Seile evtl. durch Würfel verbinden) als „Schlange" zwischen den einzelnen Sprossen durch. Es berührt beim Balancieren nie den Boden.

Wir stellen eine Leiter an die Wand und sichern den Boden durch eine Matratze ab:

— Ein Kind hängt mit Blumendraht, Schnur oder Gummibändern an einzelne Sprossen Kugeln, Walzen etc. Ein anderes Kind klettert hoch und holt nach Auftrag bestimmte „Früchte" vom Baum. Es kann die „Früchte" auch von oben gezielt in einen „Korb" werfen.
— Die Kinder hängen verschiedene Teile des Pertra-Satzes, wie auch andere Dinge, die durch Anschlagen klingen können (z.B. Löffel, Flaschen), an die Leiter. Sie bauen sich aus je einer Holzstange und einer kleinen Aufsteckkugel (evtl. mit Tesamoll umwickeln) Klöppel und schlagen damit ihre hängenden „Instrumente" an. Sie gestalten mit ihnen einen Rhythmus oder begleiten ein Lied.

benötigte Zusatzmaterialien:

Einweckringe, Leiter, Tuch, Blumendraht, klingende Gegenstände

eigene Ideen:

Hinweise:

Unter Muskeltonus versteht man die Muskelanspannung, die ohne willkürliches Zutun im ganzen Körper bzw. in einzelnen Körperteilen vorhanden ist. Ist die Spannung zu hoch, muß ein großer Kraftaufwand für eine beabsichtigte Bewegung erfolgen. Ist die Spannung zu niedrig, kann die genaue Ausführung von Bewegungen gestört sein. Körperbehinderte Kinder zeigen häufig einen erhöhten Muskeltonus. Bei zu niedrigem Muskeltonus ermüden Kinder durch Sitzen, Stehen und Gehen sehr schnell. Sie hängen oft schlaff und matt herum. Einige Kinder zeigen auch einen häufig wechselnden Muskeltonus, vor allem in einigen Körperteilen.

Für alle Spielangebote gilt, daß schnelle Bewegungen den Muskeltonus meist erhöhen, langsame ihn hingegen eher dämpfen.

Spielmöglichkeiten:

Hände, Arme, Finger

Zwei Kinder sitzen sich gegenüber. Ein Kind hält mit beiden Armen eine Holzstange an ihren Enden fest. Das andere Kind versucht, ihm diese aus den Händen zu ziehen.

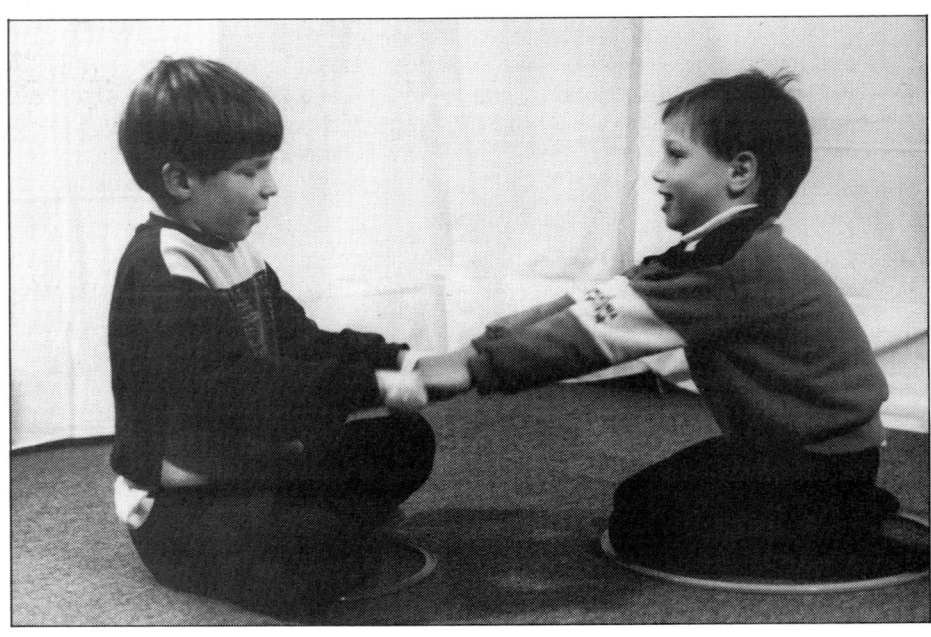

Das Kind nimmt eine Scheibe zwischen seine gefalteten Hände und preßt diese einige Sekunden fest zusammen. Es führt diese Aufgabe mehrmals durch.

Zwei Kinder sitzen/knien/stehen sich in einem Reifen gegenüber. Sie halten gleichzeitig zwei Muldenknochen fest und versuchen, sich so gegenseitig aus dem Reifen zu ziehen. (Sie können die Kugeln auch zwischen zwei Finger klemmen).

Das Kind baut aus den rillengefräßten Einlegebrettchen eine Straße. Es erhält eine Spritzflasche mit Wasser (Wasserpistole) und versucht, das Wasser aus einiger Entfernung genau in die Rille zu spritzen.

Beine, Füße

Das Kind verteilt auf dem Boden Kugeln, Walzen etc. Es versucht, durch vorsichtiges Aufsetzen seines Fußes einen Gegenstand vorwärts zu schieben. Der Gegenstand darf dabei nicht unter der Fußsohle hervorkommen. Dieses Spiel läßt sich gut als Wettspiel durchführen. Der Fuß sollte dabei immer wieder gewechselt werden.

Das Kind versucht, mit seinen Zehen als „Bagger" Stäbe, kleine Kugeln, Gummischnüre, Seile etc. aufzuheben und an einem Ziel abzulegen.

Rumpf

Zwei Kinder stellen sich Rücken an Rücken. Sie klemmen eine Lochscheibe, Zahnrad etc. zwischen ihre Rücken und gehen damit als „Siamesische Zwillinge" zu einem vorher bestimmten Ziel. Sie versuchen, auch gemeinsam eine Hindernisstrecke mit Bücken, Aufrichten etc. zu meistern.

benötigte Zusatzmaterialien:
Spritzflasche oder Wasserpistole

eigene Ideen:

Hinweise:

Die visuelle Wahrnehmung ist außerordentlich wichtig für die normale Entwicklung eines Kindes. Voraussetzung dafür sind eine gut funktionierende Kopfkontrolle, angemessen arbeitende äußere Augenmuskeln und ein gutes Sehvermögen.

Der Entwicklung entsprechend sollten alle Förderspiele im Liegen, Sitzen, Knien, Stehen und in der Fortbewegung angeboten werden. Das Kind kann dabei einäugig oder beidäugig fixieren. Da Fixierspiele sehr anstrengend sind, sollte das Kind nicht gezwungen werden, einen Zielpunkt mehr als etwa 5 Sekunden zu fixieren.

Spielmöglichkeiten:

Kopfkontrolle, Training der Nackenmuskulatur

Wir stecken eine lange Holzstange in das am Boden liegende Grundbrett. Oben auf die Stange setzen wir mit Hilfe eines Gummiringes ein Zahnrad. Das Kind kniet vor dem Stab und setzt das Zahnrad durch kreisende Kopfbewegungen in Gang (evtl. können auch mehrere Räder gleichzeitig angetrieben werden).

Mit Hilfe eines starken Gummis oder Bandes befestigen wir vorne am Kopf des Kindes eine Spiralstange/eine kurze Holzstange. Oben auf die Stange setzen wir einen Kugelklopper oder ein 4-Loch-Brett mit vier eingesteckten Gummischnüren. Das Kind versucht, durch schnelle Kopfbewegungen die Kugeln nach vorne und hinten zu schleudern.

Fixieren von Punkten, Augensprünge

Im verdunkelten Raum wird ein Grundbrett senkrecht gestellt. Ein Kind leuchtet mit einer Taschenlampe durch eines der Löcher. Ein zweites Kind auf der Rückseite des Brettes fixiert das beleuchtete Loch und steckt einen Kugelbolzen hinein.

Wir hinterlegen die Löcher des aufgestellten Grundbrettes mit verschiedenen farbigen Transparentpapieren und verdunkeln den Raum. Ein Kind legt sich hinter das Grundbrett und leuchtet jeweils kurz auf ein beklebtes Loch. Ein zweites Kind fixiert genau die Rückseite des Grundbrettes. Es gibt an, welche Farbe das gerade erleuchtete „Fenster" hat.

Ein Kind steckt seinen Finger durch eines der Löcher des aufgestellten Grundbrettes. Ein zweites Kind auf der Rückseite des Brettes fixiert die Löcher und versucht, den Finger zu berühren oder zu fangen.

Auf die Enden der Holzstäbe werden Gesichter gemalt. Zwei Kinder spielen mit diesen Puppen „Kuckuck". Sie lassen abwechselnd einen Stab mit seinem Gesicht durch ein Loch des Grundbrettes schauen. Das wartende Kind fixiert dabei im Liegen, Sitzen, Knien oder Stehen die Puppe und versucht sie festzuhalten.

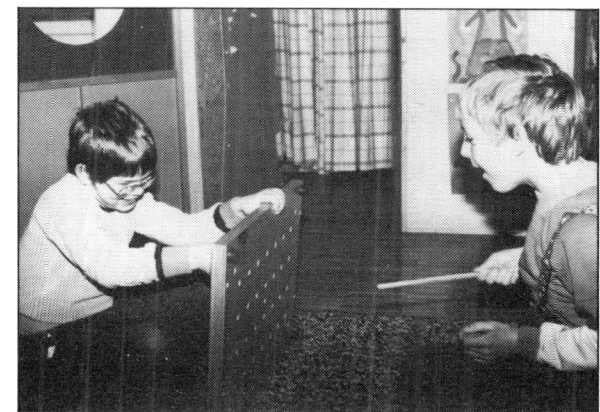

Das Kind verwendet Kugeln, Walzen, Scheiben, Lochbretter, Zahnräder, flache Einsteckteile, Würfel, Kurbeln, Muttern oder das Grundbrett als „Fernrohre" und fixiert mit ihnen bestimmte Ziele. Es kann dabei mit einem oder mit zwei Augen fixieren. Aus zwei Würfeln und einer kurzen Konusstange baut es sich eine „Brille".

benötigte Zusatzmaterialien:
Transparentpapier, Taschenlampe, Band/Gummi, Filzstifte

eigene Ideen:

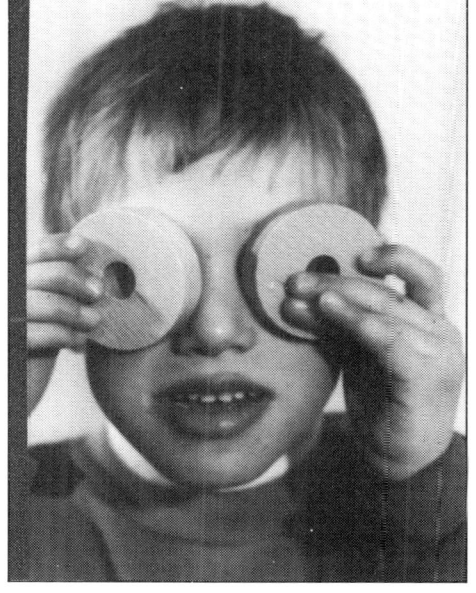

Hinweise:

Bei jedem Augenfunktionstraining muß beachtet werden, daß das Kind seinen Kopf ruhig hält und tatsächlich nur seine Augen bewegt. Über einige Sekunden hinweg kann ein Vorschulkind auf diese Weise Punkte fixieren und Bewegungen verfolgen. Sollte das Kind solche Aufgaben auch nach einiger Übung nicht problemlos lösen können, muß möglichst bald ein Augenarzt zu Rate gezogen werden.

Spielmöglichkeiten:

Verfolgen waagrechter, senkrechter und diagonaler Bewegungen

Das Kind legt sich auf das auf vier Würfeln aufgebockte Grundbrett. Es läßt eine Kugel unter dem Brett durchlaufen und verfolgt die Bewegung, ohne dabei den Kopf zu drehen.

Das Kind läßt eine Kugel langsam über ein langes Einlegebrett laufen. Es beobachtet dabei genau den Bewegungsablauf. Es stellt das Einlegebrett leicht schräg und läßt ein Auto herunterfahren.

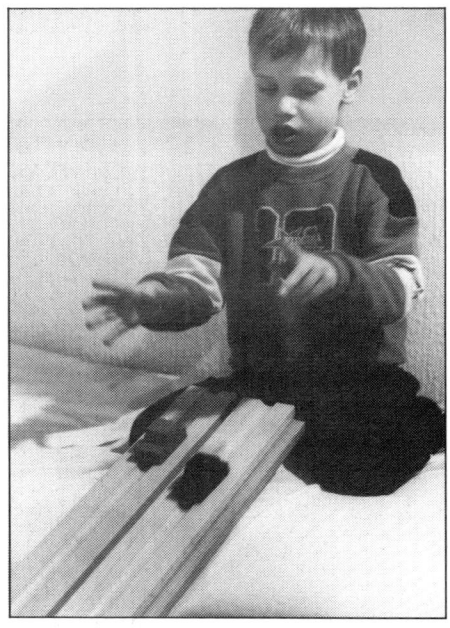

Die Kinder legen alle langen Einlegebretter in das Grundbrett. Sie verdunkeln den Raum. Ein Kind leuchtet langsam mit einer Punkttaschenlampe eine gefräste Spurrille ab. Die anderen beobachten, ob der Lichtkegel genau an der Rille entlang läuft.

Die Kinder bauen aus den Teilen des Pertra-Satzes Stabpuppen. Sie spannen ein weißes Tuch zwischen zwei Stühle und führen mit den Puppen ein Schattenspiel auf.

Die Kinder füllen die Rille eines langen Einlegebrettes mit Sand. Ein Kind zieht das Brett ganz langsam weg und hebt es dabei so an, daß der Sand hinunterrutscht und eine exakte „Spur" auf dem Boden liegenbleibt. Die anderen Kinder beobachten genau, wie die Sandspur verläuft, und welche Form sie darstellt.

Das Grundbrett wird als „Tisch" auf vier lange Konusstangen gestellt. Auf das Grundbrett legen wir eine Staniolfolie. Das Kind häuft nun einen großen Berg Sand (Reis, Linsen, Erbsen etc.) auf den Tisch. Es bohrt von unten mit einem Bleistift ein Loch in die Folie und beobachtet, wie an dieser Stelle der Sand herunterrieselt und auf dem Boden einen „Sandberg" bildet. Es kann von oben sehen, wie ein „Sandkrater" entsteht.

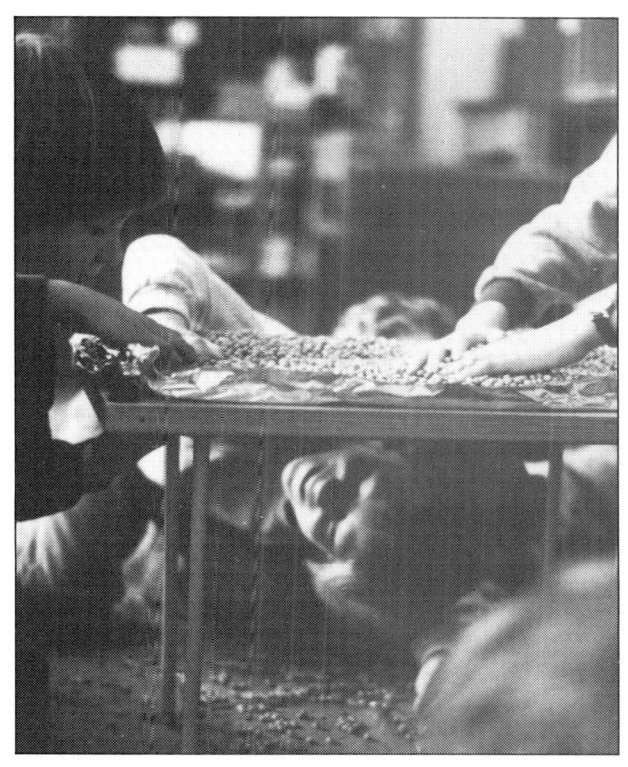

benötigte Zusatzmaterialien:
Punkttaschenlampe, weißes Tuch, Sand, Staniolfolie

eigene Ideen:

Spielmöglichkeiten:

Bogenförmige Bewegungen

Wir hängen eine Bleischnur an einem Deckenhaken auf. Unten an die Schnur binden wir eine farbige Holzkugel, Walze, Zahnrad etc. Wir setzen das aufgehängte Teil langsam in pendelförmige Bewegung. Das Kind beobachtet genau im Liegen, Sitzen, Knien und Stehen.

Das Kind baut die verschiedensten Pendel und befestigt sie an verschieden hohen „Türmen"/„Bäumen", die es auf dem Grundbrett befestigt. Es setzt die Pendel in Bewegung und zählt die Ausschläge bis zum Stillstand.

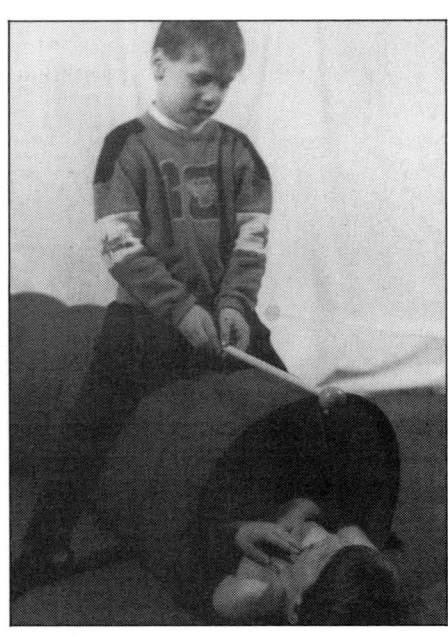

Das Kind liegt in einer ausgepolsterten Tonne (Rolle aus Schlauchreifen) auf dem Rücken. Ein anderes Kind setzt sich oben auf die Tonne und versetzt diese in leichte Schaukelbewegung. Dabei läßt es Fingerpuppen aus Kugeln, Lochscheiben oder Walzen (mit aufgemalten Gesichtern) am Rand der Tonne entlangwandern. Das liegende Kind beobachtet die Puppen bis zu ihrem Verschwinden, ohne dabei seinen Kopf zu bewegen.

Das Kind baut aus einer Holzstange und zwei Lochscheiben ein „Fahrzeug" zum Schieben. Es klebt ein Männchen mit Knetmasse an die Innen- oder Aussenseite eines Rades. Beim langsamen Schieben des Wagens beobachtet es genau die Drehbewegungen des Männchens.

Das Kind baut auf dem Grundbrett ein „Karussel" aus einer Konusstange, einem Gummiring, einer Kugel, einem Zahnrad oder Würfel und einem Kugelklopper als Spitze auf. Es befestigt Männchen an Fäden und hängt sie an das Zahnrad; oder es steckt kurze Stäbe in den Würfel und klammert an diese Wäscheklammern, die mit Gesichtern bemalt sind. Es setzt das Karussel in Bewegung und betrachtet die einzelnen Männchen genau.

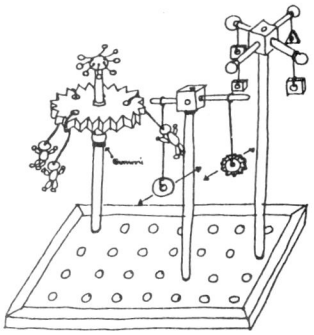

Kombinierte Bewegungen

Die Kinder bauen aus den Teilen des Pertra-Satzes, aus Bauklötzen, Pappröhren, Tüchern etc. lange Kugelbahnen. Sie lassen die bunten Kugeln einzeln oder in kleinen Gruppen laufen und beobachten sie auf ihrem Weg. Sie bauen Hindernisse und akustische Signale (z.B. Glocken) ein und zählen die von den Kugeln erzeugten Töne.

benötigte Zusatzmaterialien:

Bleischnur, Deckenhaken, ausgepolsterte Tonne, Filzstifte, Wäscheklammern, Schnur, Knetmasse, Bauklötze, Pappröhren, kleine Glocken

eigene Ideen:

| Weiterführende Forderung : | 5.2.4 Körperschema |
| Förderschwerpunkt : | Körperteile (wahrnehmen, vorstellen) |

Hinweise:

Das Kind entwickelt durch Empfindungen aus Haut, Muskeln, Sehnen und Gelenken, durch Gleichgewichts- und Bewegungswahrnehmungen eine Vorstellung vom eigenen Körper. Dieses kognitive Konzept ist unabhängig von Sinnesreizen und Wahrnehmungsprozessen. Es ermöglicht dem Kind die problemlose Planung und Ausführung motorischer Abläufe, eine schnelle Richtungsunterscheidung und eine altersgemäße Darstellung von Menschen und Tieren.

Spielmöglichkeiten:

Körperteile wahrnehmen und unterscheiden

Ein Kind legt sich auf den Bauch oder Rücken und schließt seine Augen. Ein anderes Kind legt zwei oder drei Kugeln auf den Körper des liegenden Kindes. Dieses benennt die Anzahl der Kugeln und beschreibt, wo sie liegen.

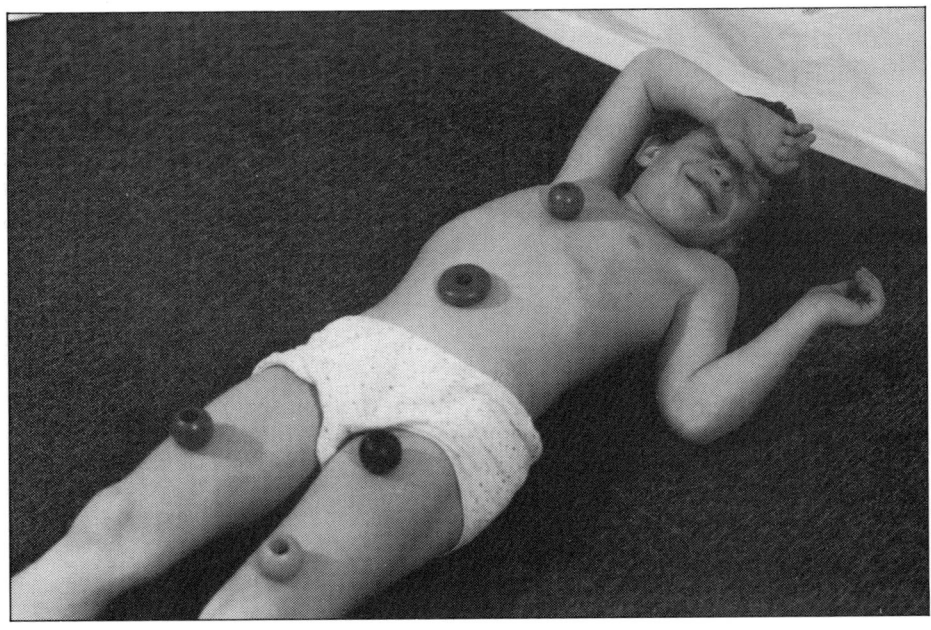

Das Kind legt unter seine Hände und Füße je ein anderes Teil des Pertra-Satzes. Es versucht, möglichst schnell auf allen Vieren mit diesen „Schuhen" zu einem Zielpunkt zu kommen (vorwärts oder rückwärts, mit offenen oder geschlossenen Augen).

Ein Kind liegt auf dem Boden. Es spielt die „Marionette". Ein zweites Kind nimmt einen Konusstab mit einer aufgesteckten (oder an einer Schnur aufgehängten) Kugel und berührt damit vorsichtig die „Marionette". Diese hebt das angetippte Körperteil, als würde es an einem Faden hochgezogen und wieder heruntergelassen. Die „Marionette" kann beim Spiel auch die Augen schließen und nur die berührten Körperteile benennen.

Körperteile vorstellen

Das Kind legt aus den dunkelbraunen Einsteckteilen ein Männchen. Es zwickt an die „Hände" und „Füße" je fünf Wäscheklammern und an den Kopf Haare. Es gestaltet das Gesicht mit Augen, Nase, Mund und Ohren aus Knetmasse.

Ein Kind legt sich in irgendeiner Position auf den Boden. Ein zweites Kind legt aus den Teilen des Pertra-Satzes ein schematisiertes Männchen in der gleichen Position.

Das Kind baut aus Stangen, Würfeln, Kugeln, Scheiben, Federstangen, Gummischläuchen etc. räumliche Figuren. Es läßt die „Tiere" oder „Menschen" herumlaufen und sich bewegen.

Die Kinder fertigen Körperteile aus Papier an und belegen jedes einzelne mit einer Würfelzahl (z.B. quadratische Einlegebrettchen mit Würfelaugen bemalen und auf Papierteil legen). Sie beschriften den Sechskantkreisel mit den gleichen Zeichen und erobern sich im Spiel alle Körperteile, die sie für ein Männchen benötigen. Wer kann als erster sein Männchen fertigstellen?

benötigte Zusatzmaterialien:

Wäscheklammern, Knetmasse, Papier, Stifte, Schere

eigene Ideen:

Hinweise:

Bereits sehr früh in der Entwicklung erfährt das Kind, daß sein Körper zwei Seiten hat, daß der Mensch also zwei Arme, Hände, Beine, Füße, Augen und Ohren hat. Es merkt, daß diese paarig angelegten Körperteile gemeinsam oder unabhängig voneinander handeln können. Es setzt sie daher gleichzeitig oder (rhythmisch) abwechselnd für die gleiche Tätigkeit ein. Allmählich aber lernt es auch, jedem paarigen Körperteil eine eigene Aufgabe zuzuweisen und mit ihnen dennoch koordiniert zusammenzuarbeiten.

Spielmöglichkeiten:

Gleiche Bewegung gleichzeitig mit beiden Körperseiten ausführen

Das Kind spielt „Kellner". Es stellt „Geschirr" (Holzteile etc.) auf das Grundbrett und trägt dieses mit beiden Händen zu dem „Gast".

Das Kind baut aus einer Konusstange und Kugeln, Walzen oder Scheiben eine „Backrolle". Es hält die Rolle mit beiden Händen fest und walzt mit ihr Knetmasse

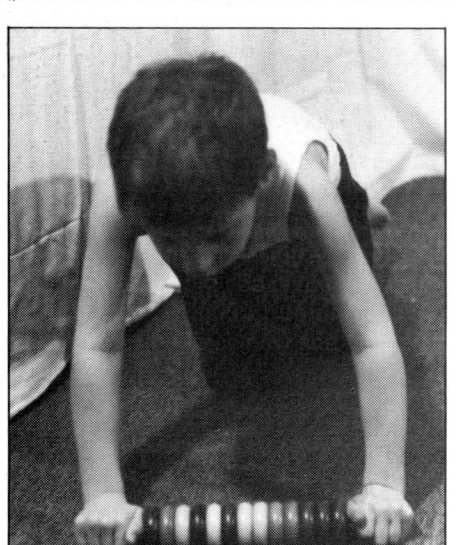

aus. Es betrachtet die entstandenen Spuren und stellt fest, ob sie auf beiden Seiten gleich sind.

Das Kind steckt zwei Zahnräder mit Kugelbolzen auf das Grundbrett. Es befestigt an jedem Zahnrad eine Kurbel. Dann dreht es gleichzeitig mit jeder Hand eine „Mühle" an. Evtl. setzt es dadurch andere Zahnräder in Bewegung. Es wechselt immer wieder die Drehrichtung.

Das Kind nimmt größere Teile des Pertra-Satzes (z.B. lange Einlegebretter, quadratische Einsätze), hält sie mit beiden Händen fest und drückt sie langsam und gleichmäßig in Ton (Lehm, Erde, Sand, Gips, Knetmasse) ab. Es prüft, ob der Abdruck auf beiden Seiten gleichmäßig tief erfolgt ist.

Das Kind kniet oder sitzt auf dem Boden. Vor ihm liegen zwei gleich große Kugeln (Muldenknochen, Stäbe, Einlegebrettchen etc.). Es stößt mit jedem Fuß eine Kugel an und beobachtet, ob beide Kugeln gleich weit rollen.

Jedes Kind erhält einen Holzstab mit einem Würfel und Fähnchen am Ende. Es hält den Holzstab als „Hockey-Schläger" mit beiden Händen fest und versucht, eine Kugel in ein festgelegtes Tor zu schießen.

Das Kind legt Kugeln unter ein Grundbrett und baut so ein bewegliches „Schiff". Es nimmt eine Holzstange in jede Hand und stakt sich mit ihnen durch beidseitig gleichzeitigen Einsatz vorwärts oder rückwärts. Es versucht, durch unterschiedlichen Krafteinsatz Drehbewegungen auszuführen.

Die Kinder bauen aus Seilen, Stäben, Brettern etc. eine „Sperre" auf. Sie binden ihre Füße mit einer Gummischnur zusammen und überspringen als „Tiere" (Hase, Frosch, Vogel etc.) die Sperre. Sie hüpfen vorwärts, rückwärts, seitwärts, mit offenen und geschlossenen Augen.

benötigte Zusatzmaterialien:
Knetmasse, Ton, Sand, Gips, evtl. Rollbrett

eigene Ideen:

Spielmöglichkeiten:

Gleiche Bewegungen rhythmisch abwechselnd auf beiden Körperseiten ausführen

Das Kind baut aus Muldenknochen und Muldenbrettchen „Rollschuhe". Es kniet sich mit jedem Bein auf einen Rollschuh und bewegt sich durch abwechselndes Vorschieben jeder Körperseite vorwärts.

Das Kind baut ein „Xylophon" aus Einlegebrettchen, die es auf Gummi- oder Schaumstoffringe legt. Es schlägt mit zwei Muldenknochen (Kugelbolzen, kurzen Konusstangen mit Kugelende) einen Rhythmus. Dabei wechselt es bei jedem Anschlag die Hand.

Das Kind fertigt aus einer Konusstange mit einem Kugelbolzen an jedem Ende einen „Jonglierstab". Es dreht den Stab rhythmisch wechselnd von einer Hand in die andere. Es kann diese „Vorführung" auch als „Seiltänzer" auf einem auf dem Boden ausgelegten Seil ausführen.

Das Kind steckt auf jeden Finger eine Aufsteckkugel oder einen Holzring. Es spielt mit diesen Fingerpuppen „Begrüßung". Dafür schlägt es, rhythmisch möglichst schnell wechselnd, jeden Finger der linken Hand an den gleichen Finger der rechten Hand und umgekehrt. Es versucht, die Folge möglichst oft zu wiederholen.

Das Kind baut aus Stangen, Würfeln, Zahnrädern und Grundbrett einen „Wagen". Aus zwei großen Zahnrädern und drei Konusstangen stellt es eine Rolle als „Motor" (s. Abb.) her. Es kniet sich auf den Wagen und betätigt mit den Händen die Rolle (evtl. auch Einerpedalo) als „Antrieb".

Das Kind konstruiert aus zwei Zahnrädern und drei Stangen eine „Roll- und Schüttelbüchse" für Bälle und Kugeln. Es hält die Büchse mit beiden Händen fest und läßt die Kugeln durch rhythmische Armbewegungen hin- und her-, vor- und zurückrollen.

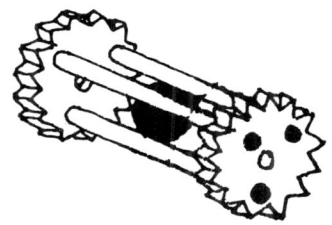

Verschiedene Bewegungen beider Körperhälften koordinieren

Das Kind stellt aus den Teilen des Pertra-Satzes ein „Steckenpferd" her. Es springt mit dem Pferd im Galoppschritt über verschiedene Hindernisse.

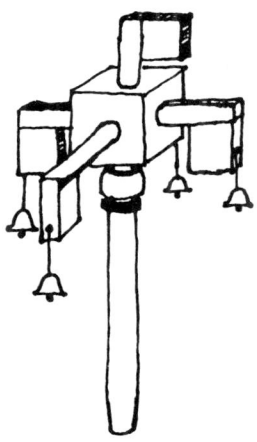

Aus einer Konusstange, einem Gummiring und einem Würfel mit vier eingesteckten Fähnchen (evtl. mit angehängten Glöckchen) baut das Kind ein „Klingendes Windrad". Es dreht das Rad an, indem es mit einer Hand jedes Fähnchen anschiebt. Gleichzeitig schlägt es mit der anderen Hand jedes vorbeikommende Fähnchen mit einem Kugelbolzen an, und bringt es so zum Klingen.

benötigte Zusatzmaterialien:

Glöckchen, Schaumstoffringe, kleine Bälle

eigene Ideen:

Hinweise:

Der menschliche Körper läßt sich durch eine gedachte senkrechte Linie in zwei äußerlich nahezu gleiche Teile zerlegen. An dieser Mittellinie kann der Säugling bereits mit 3 oder 4 Monaten seine Hände zusammenbringen. Etwa ab dem 6. Lebensmonat reicht er problemlos Spielzeug über sie hinweg in die andere Hand. Neben den Armen und Händen müssen auch Beine, Augen, Kopf und Rumpf diese Linie häufig kreuzen, um ein situationsangemessenes Handeln zu ermöglichen. Dabei darf das Überkreuzen nicht bewußt durchgeführt werden, sondern es muß automatisch erfolgen. In ein Spiel sollte daher immer eine solche Spielregel eingebaut sein, die das Überkreuzen der Mittellinie (zwingend) erfordert.

Spielmöglichkeiten:

Überkreuzen mit Armen und Händen

Das Kind sitzt in einem Reifen vor zwei waagerecht aneinandergelegten langen Einlegebrettern. An die Enden der „Straße" stellt es Häuser aus Klötzen. Es läßt aus der „Reifengarage" heraus Autos oder Männchen von einem Geschäft zum anderen fahren, ohne sich selber dabei aus dem Reifen zu bewegen. Es läßt gleichzeitig mit beiden Händen ein Auto fahren und spielt „Gegenverkehr" und „Ausweichmanöver" (Überkreuzen der Arme).

Die Kinder legen „Fußspuren" aus kleinen Teilen des Pertra-Satzes. Sie krabbeln die Spuren entlang und überkreuzen dabei immer ihre Hände (oder Füße).

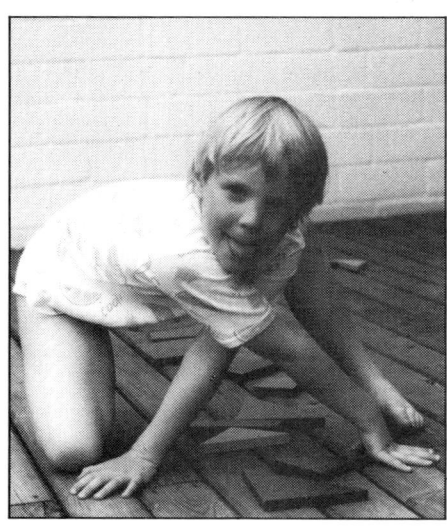

Das Kind ordnet zwei lange Holzstangen waagerecht vor sich an und verteilt auf ihnen Einlegebrettchen, die mit Schaumstoff unterlegt sind. Es setzt sich in die Mitte vor sein „Xylophon" und spielt mit jeder Hand einzeln oder mit beiden gleich-

zeitig alle Töne von links nach rechts und umgekehrt. Es beginnt mit beiden Händen auf verschiedenen Seiten. Die Hände begegnen sich in der Mitte und überkreuzen sich beim Weiterspielen.

Auf ein Seil wird eine Kugel gefädelt. Die Enden des Seiles werden verknotet. Alle Kinder sitzen im Kreis und fassen mit beiden Händen das Seil an. Durch Hin- und Herschieben und Überkreuzen der Hände wird die Kugel unbemerkt weitergereicht. Ein Kind steht in der Mitte des Seiles und findet die Kugel durch genaues Beobachten.

benötigte Zusatzmaterialien:

Reifen, Schaumstoff, großes Seil

eigene Ideen:

Hinweise:

Das Überkreuzen der Körpermittellinie mit den Augen fällt manchen Kindern außerordentlich schwer. Sie blinzeln beim Überkreuzen dieser Linie, grimmassieren und/oder verlieren das vorher fixierte Ziel. Ein gezieltes Augentraining kann hier oft Abhilfe schaffen. Ein Augenarzt sollte möglichst bald zu Rate gezogen werden.

Spielmöglichkeiten:

Überkreuzen mit Beinen und Füßen

Die Kinder fädeln je 3—5 Kugeln auf Seile. Sie hängen die Seile durch Kugeln oder Würfel zusammen und legen diese „Schlangen" auf dem Boden aus. Sie hüpfen mit gegrätschten Beinen die „Schlangenkörper" entlang. Bei jeder Kugel bleiben sie stehen, überkreuzen ihre Beine im Sprung, hüpfen wieder in die Grätsche zurück und setzen ihren Weg fort.

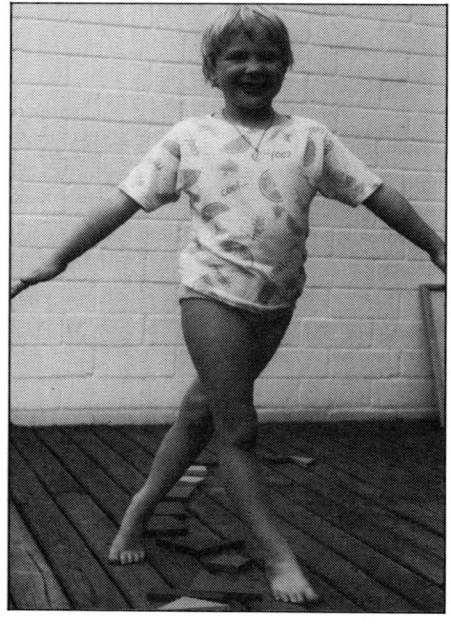

Das Kind legt eine lange waggerechte Reihe aus bunten Kugeln (Walzen, Scheiben). Es stellt sich vor die Reihenmitte, kreiselt mit dem mit Farbpunkten belegten Sechskantkreisel und schiebt die Kugeln der entsprechenden Farbe mit dem rechten Fuß in ein Tor. Es überkreuzt dabei seine Mittellinie, wenn es Kugeln von seiner linken Seite wegschießen will (häufigen Fußwechsel vornehmen!).

Das Kind hängt zwei lange Einlegebretter zusammen und verbaut das Ende der Rillenbahn mit Klötzen. Es stößt mit seinem linken Fuß eine Kugel an und schiebt sie vorsichtig mit den Zehen bis zum rechten Anschlag und wieder zurück. Es führt die gleiche Aufgabe mit seinem rechten Fuß durch.

Überkreuzen mit Augen, Kopf und Rumpf

Die Kinder stehen im Kreis. Sie halten ihre Hände auf dem Rücken verschränkt. Jedes Kind hat das Ende einer Gummischnur im Mund. Alle wenden gleichzeitig ihren Kopf nach rechts/links und lassen die Schnur durch Mundbewegungen pendeln. Sie fixieren dabei immer das untere Seilende (evtl. vorher ein Gesicht auf die nach unten hängende Kugel malen).

Das Kind sitzt in einer an e nem Punkt aufgehängten Schaukel (in einem Karussell) und wird gedreht. Es hat einen Sack mit verschiedenfarbigen Holzteilen auf seinem Schoß. Aus dem Drehen heraus versucht es, die Kugeln in Kästen zu werfen, die um die Schaukel herum angeordnet sind. Eine erste Farb- oder Formsortierung ist hierbei möglich.

Das Kind liegt auf dem Bauch. Der Kopf ruht senkrecht auf einem Kissen. Rechts und links vom Kopf sind im äußeren Blickwinkel der Augen je drei oder vier bunte Kugeln angeordnet. Das Kind zählt oder benennt die Kugeln, ohne seinen Kopf dabei zu bewegen. Es schließt seine Augen. Ein anderes Kind nimmt eine Kugel weg. Das liegende Kind öffnet seine Augen wieder und sagt, welche Kugel fehlt.

benötigte Zusatzmaterialien:
Kästen, Schaukel/Karussell, Kissen

eigene Ideen:

Hinweise:

Auditive Wahrnehmung stellt die wichtigste Voraussetzung für die Sprachentwicklung dar. Sie beginnt bereits während der Embrionalzeit, formt sich aber erst in Verbindung mit Sinnesreizen aus dem taktil-kinästhetisch-vestibulären Bereich, dem visuellen Bereich und mit der Bewegung aus. Das Kind lernt, Geräusche, Töne und Sprachlaute zu differenzieren, zu lokalisieren, zu speichern und zuzuordnen. Es erlernt spezifische Lautkombinationen, Wörter und Sprachwendungen, die es inhaltlich und grammatikalisch richtig einsetzen kann. Mit etwa 5/6 Jahren beginnt es, die gehörte und gesprochene Sprache auch schriftlich darzustellen.

Spielmöglichkeiten:

Geräusche und Töne

Die Kinder suchen alle Teile des Pertra-Satzes, die rollen können. Ein Kind legt sich mit geschlossenen Augen auf den Boden. Ein anderes Kind läßt ein Ding rollen. Das liegende Kind erkennt das Rollgeräusch und ordnet es dem Gegenstand zu. Auf verschiedenen Unterlagen entstehen dabei verschiedene Geräusche.

Ein Kind läßt auf einem langen Einlegebrett eine oder mehrere Kugeln langsam entlangrollen. Ein zweites Kind schließt seine Augen und errät, wieviele Kugeln es sind.

Eine Kugel wird auf eine Gummischnur gezogen und diese stark angespannt (z.B. auf dem Grundbrett mit Hilfe von Steckrundhölzern). Das Kind reißt die Schnur an, beobachtet den „Tanz" der Kugel und hört dabei auf die Geräusche, die die Kugel bis zu ihrem Stillstand erzeugt.

Verschiedenfarbige Gummischnüre werden auf dem Grundbrett mit Hilfe von Steckrundhölzern oder flachen Einsteckteilen unterschiedlich stark gespannt. Das Kind zupft die Schnüre vorsichtig an und horcht, wie die Töne klingen.

Die Kinder bauen aus verschiedenen Pertra-Teilen eine Kugelbahn mit Treppen, Gefäll-Strecken, Tunnels, Fall-Löchern. Sie spannen Glöckchen und andere klingende Gegenstände mit Gummischnüren über die Kugelbahn. Beim Lauf der Kugeln lauschen sie auf deren Töne und Klänge. Sie verändern immer wieder die Anordnung der Kugelbahn.

Ein Kind schließt die Augen. Ein anderes Kind schlägt irgendeinen Gegenstand im Raum mit einem Klöppel an (rollt eine Kugel hin). Wo ist der Gegenstand? Das „blinde" Kind zeigt die Richtung und/oder benennt den Gegenstand.

benötigte Zusatzmaterialien:

Glöckchen, Glockenbälle, klingende Gegenstände

eigene Ideen:

Hinweise:

„Musik-Machen" motiviert die meisten Kinder sehr stark. Sie erfinden gerne eigene „Instrumente": Sie klopfen an allen Dingen herum, schütteln sie, klappern mit ihnen herum, zupfen an gespannten Drähten und Seilen, schlagen Gegenstände gegeneinander und machen „lustvollen Krach". Unbewußt lernen sie dabei, Töne zu unterscheiden, einen Rhythmus zu finden und einzuhalten, sich anderen Kindern im gemeinsamen Spiel anzupassen und Spielregeln einzuhalten. Sie verändern aktivgestalterisch ihre Umgebung und nutzen ihre Freizeit kreativ.

Spielmöglichkeiten:

Rhythmusinstrumente

Rasseln:

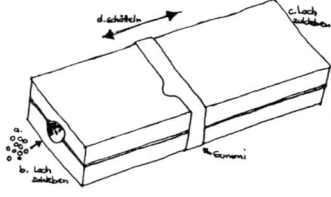

— Kugeln, Walzen, Scheiben, Würfel auf Schnüre fädeln;

— Lochscheiben etc. auf kurzen Holzstab stecken und diesen an den Enden mit Konuskugeln abschließen

— Kugelklopper in einen Würfel stecken;

— Sand, Reis, Steinchen etc. in große Holzkugeln füllen und die Löcher mit Tesafilm verkleben;

— zwei lange Einlegebretter durch Klebepunkte/Klebeband so verbinden, daß in der Mitte eine Röhre entsteht; in die Röhre Sand, Kies, Erbsen, Kugeln, Glöckchen etc. füllen; die Enden mit Tesafilm verschließen;

Trommeln:

— umgedrehte Holzkiste; aufgebocktes Grundbrett;

— 4-Lochbretter seitlich und oben anschlagen;

— Holzstab oben durch Würfel abschließen; in den Würfel Kugelklopper stecken; den Stab zwischen den Händen drehen;

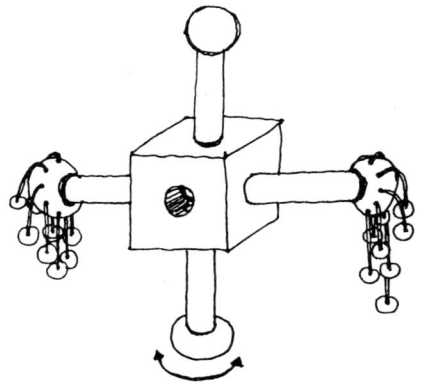

Ratschen:

— auf einem 4-Loch-Brett in der Mitte ein großes Zahnrad mit einem Kugelbolzen befestigen; neben dem Zahnrad einen Würfel mit einem Steckrundholz verdübeln; in dieses eine Rätschenleiste so stecken, daß sie das Zahnrad berührt; das Rad mit einem Kugelbolzen drehen;

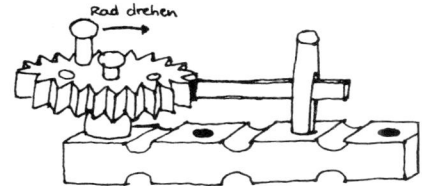

— ein Zahnrad mit Hilfe einer kurzen Konusstange zwischen zwei Würfel befestigen; in die Würfel je ein Rundsteckholz oder flaches Einsteckteil setzen und eine Gummischnur so über das Rad führen, daß sie die Zähne des Rades berührt; das Zahnrad mit der Hand antreiben;

Die Kinder bauen die Instrumente möglichst selbständig. Sie spielen mit je zwei gleichen „Instrumenten" Geräuschememory oder -lotto. Sie begleiten Sprechverse, Lieder Reime rhythmisch. Sie erfinden „klingende Geräuschbäume / -stangen", indem sie ihre Instrumente aufhängen. Sie experimentieren, welche Wirkung Wind und Wasser auf ihre Instrumente ausüben.

benötigte Zusatzmaterialien:
Sand, Steinchen, Erbsen, Kugeln, Glöckchen, Tesafilm

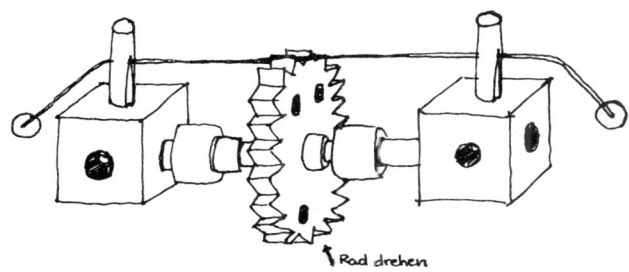

Spielmöglichkeiten:

Schlaginstrumente

Aus Holzstangen und Konuskugeln bauen die Kinder „Klöppel". Sie hängen möglichst viele verschiedene Teile des Pertra-Satzes an Schnüren auf (z.B. am hochgestellten Grundbrett, an Stangen) und schlagen diese mit den Klöppeln an. Sie entwickeln daraus einen Rhythmus oder erfinden Hör-Ratespiele mit geschlossenen Augen. Sie verändern die Klangeigenschaften der Klöppel, z.B. durch Umwickeln mit Schaumstoff, Stoff, Gummi, Styropor.

Xylophone:
— auf zwei waagerecht liegenden Holzstangen (die z.b. in Würfeln stecken) flache Holzteile anordnen; durch Unterlegen von Schaumstoff oder Gummi die Brettchen zum Klingen bringen;

— Holzstangen senkrecht in das Grundbrett stecken; mit Hilfe eines Gummiringes oben auf jede Stange locker eine Holzscheibe aufsetzen;

— dunkelbraune Einsteckteile auf Schaumstoffringen auf das Grundbrett setzen;

Glockenspiele:

— an einer gespannten Gummischnur Glöckchen, Kugelglocken etc. aufhängen; durch Anreißen des Gummis Klänge erzeugen;

— an einem drehbar aufgestellten Zahnrad Glöckchen/Glasstücke aufhängen; durch Drehen des Rades die Dinge klingen lassen;

Zupfinstrumente, Streichinstrumente

Zither:

— über das Grundbrett Gummischnüre in verschiedener Höhe spannen; mit Fingern/Kugelbolzen anreißen;

— kleine Löcher in den Rand einer Holzkiste bohren; Dübel oder Schrauben einsetzen und Gummi schnüre oder Drähte spannen; verschieden stark anreißen;

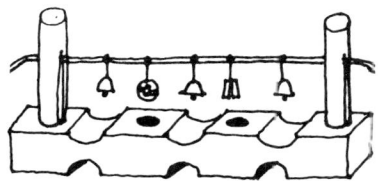

Baß:

über eine große Holzkiste Gummischnüre/Drähte spannen; aus langer Konusstange, zwei Würfeln, zwei Steckrundhölzern und Gummischnur „Bogen" bauen, (evtl. auch nur lange Holzstange verwenden); Baß „streichen";

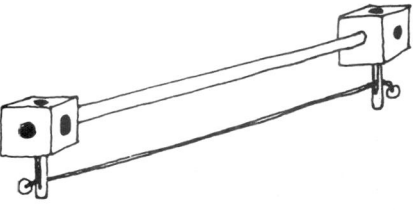

Blasinstrumente

Die Kinder blasen und „trompeten" durch alle gelochten Holzteile. Sie stecken Gummischläuche in die Öffnungen der Kugeln, hängen den Schlauchteil in eine Schüssel mit Wasser und machen „Wassermusik". Sie bohren kleine Löcher in den Schlauchteil und blasen auf ihrer „Flöte".

benötigte Zusatzmaterialien:

Glocken, Glasstücke, Gummischläuche, Wasser, Schaumstoff, Bohrer, Schrauben

eigene Ideen:

Hinweise:

Der sichere Gebrauch der Artikulationsorgane ist Voraussetzung für lautgerechtes und verständliches Sprechen. Durch vielfältige Lall-, Schnalz-, Schmatz-, Saug- und Blasspiele übt bereits der Säugling seine Artikulationsorgane und bereitet sich damit auf das Sprechen vor. Viele Kinder zeigen heute Sprachauffälligkeiten. Daher sollten sie möglichst frühzeitig angeregt werden, ihre Sprechwerkzeuge und ihre Atemführung im nichtsprachlichen Bereich zu üben.

Spielmöglichkeiten:

Atemführung

Das Kind steckt bunte Kugeln, Walzen oder Scheiben auf einen möglichst hohen „Turm" (Konusstangen durch Würfel verbinden und in Grundbrett verankern). Es beugt und streckt sich dabei abwechselnd.

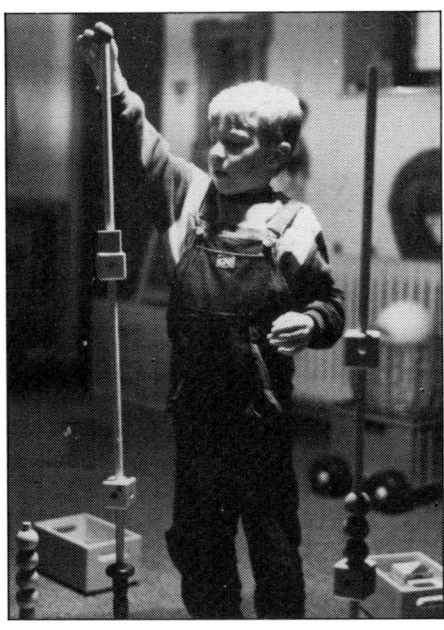

Das Kind legt sich vor eine Reihe unterschiedlich großer Kugeln und Ringe. Es bläst mit genau dosiertem Atem, sodaß ein vorher festgelegtes Teil wegrollt. Die Kugeln werden um Hindernisse herumgeblasen, ohne daß sie an diesen anstoßen.

Wir verschließen drei der seitlichen Löcher eines
Würfels mit Kugelbolzen, das untere Loch durch
Tesafilm (oder Zuhalten). Auf das obere Loch le-
gen wir eine kleine Holzkugel/Wattekugel. Das
Kind bläst in das offene seitliche Loch und ver-
sucht, durch entsprechende Atemführung die
Kugel hochsteigen zu lassen.

Das Kind nimmt eine durchbohrte Kugel und
versucht, durch Ansaugen der Luft ein Papiertaschentuch etc. an der Kugel festzuhalten.

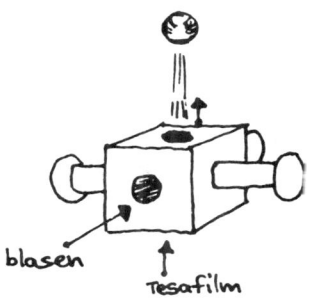

blasen

Tesafilm

Blasen

Die Kinder lassen durch kräftiges Blasen Kugeln, aufgestellte Lochscheiben,
Muldenknochen etc. über den Boden oder Tisch rollen.

Das Kind steckt einen Luftballon durch eine kleine durchbohrte Kugel. Es bläst den Ballon auf
und läßt ihn mit der Kugel wegfliegen. Das Kind
bohrt in eine Walze Löcher (z.B. mit Perbo) und
spielt auf dieser „Flöte".

Wir bauen aus einer Stange, einem drehbar aufgesetzten Würfel und vier Fähnchen ein „Windrad". Das Kind bläst kräftig gegen die einzelnen
Fähnchen und treibt so das Windrad an.

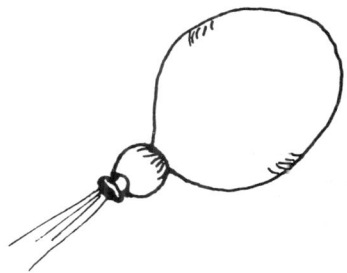

Gaumensegel

Das Kind hält die eine Öffnung des roten Gummischlauches (ersatzweise Wal-
ze/große Kugel) an seinen Mund. Die andere taucht es in ein Glas mit Wasser.
Es spricht durch die Röhre: mi-mi-mi/mo-mo-mo. Dabei dürfen nur bei „i/o" Blasen
aufsteigen, nicht aber bei „m".

Wir stecken Kugelbolzen/Fähnchen ganz leicht in das Grundbrett. Das Kind
baut aus einem Würfel und einer Stange einen „Holzhammer" (evtl. auch nur
ein langes Einlegebrett verwenden). Es holt mit dem Hammer aus, ruft laut
„po/ko/to" (oder andere Vokale) und schlägt als „starker Hans" einen Bolzer in
das Brett.

benötigte Zusatzmaterialien:
Luftballon, Tesafilm, Bohrer, Papiertaschentuch

eigene Ideen:

101

Spielmöglichkeiten:

Zunge

Das Kind versucht, gelochte Pertra-Teile mit seiner Zungenspitze zu „durchbohren", sie festzuhalten und im Gehen auf der Zunge zu balancieren. Es überwindet als „Akrobat" mit ihnen Hindernisse.

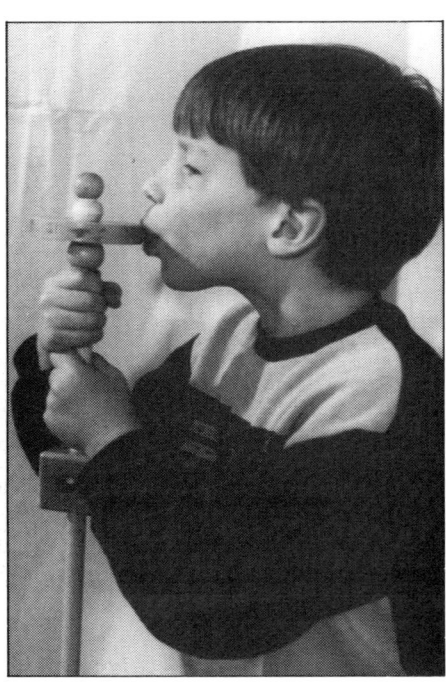

Auf einer Stange wird ein Zahnrad oder eine Lochscheibe waagerecht in Kopfhöhe des Kindes befestigt. Auf den Rand der Scheibe tupfen wir Marmelade, Nutella, Streichwurst oder Streichkäse. Das Kind dreht mit seiner Zunge das Rad an und leckt dabei den Rand ab.

In Mundhöhe des Kindes hängen wir die langen Einlegebretter mit Klebepunkten an die Wand. Das Kind spurt mit seiner Zungenspitze die Rillen entlang. Es kann dabei an vorher aufgebrachten „süßen Inseln" aus Nutella etc. haltmachen. Es spielt die Aufgabe auch mit geschlossenen Augen.

Wir bauen vor dem Kind ein Zahnrad auf einer Stange auf, das bei Drehung eine Zahnradratsche antreibt. Das Kind legt die Ratsche auf seine Zungenspitze (zwischen die leicht geschlossenen Lippen) und erspürt die entstehende Vibration. Es schließt dabei möglichst die Augen.

Lippen

Eine Scheibe (Zeiger, viertelrundes Einsteckteil) wird mit einer Gummischnur verbunden. Das Kind nimmt die Scheibe zwischen die Lippen und zieht mit der Hand an der Schnur. Wie lange kann es die Scheibe mit den Lippen festhalten?

Das Kind hebt mit seinen Lippen Muldenknochen oder andere Holzteile hoch und trägt sie im Raum herum. Es überwindet mit ihnen Hindernisse oder sammelt sie als „Elster" in einem Nest.

Das Kind spannt auf dem Grundbrett Gummischnüre mit Hilfe von Einsteckteilen unterschiedlich stark an. Es reißt mit seinen Lippen die Schnüre an, lauscht auf die Töne und beendet das Schwingen der Schnur durch Anstoßen mit der Wange.

Zwei Kinder stehen sich gegenüber und nehmen jeweils das Kugelende einer Gummischnur zwischen ihre Lippen. Sie versuchen, sich gegenseitig die Schnur aus dem Mund zu ziehen.

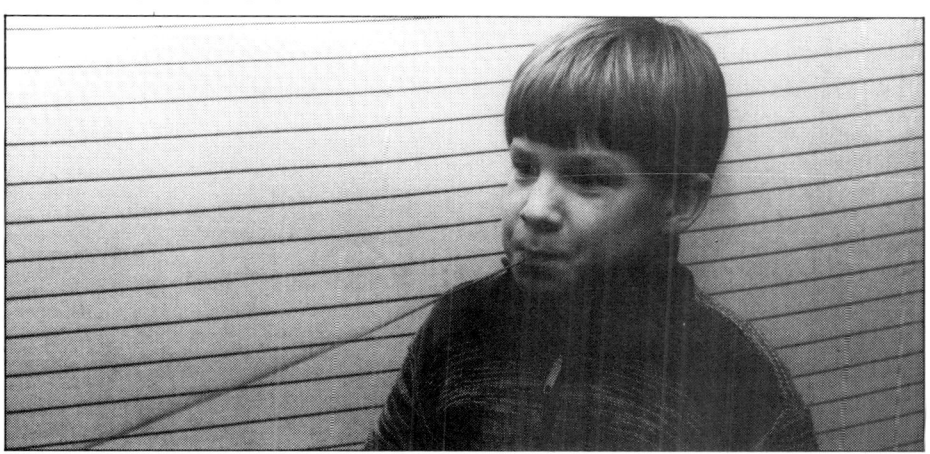

Backen

Das Kind steckt große und kleine Kugeln in seine Backen und läßt sie im Munde herumwandern. Es drückt von außen mit seiner Hand gegen die Backen und versucht, die Kugeln gegen den Zungendruck wegzuschieben.

Das Kind nimmt das Ende eines Kugelbolzens/Muldenknochens in den Mund und läßt das Holz durch Aufblasen und Einziehen seiner Backen vor- und zurückwandern.

benötigte Zusatzmaterialien:
Marmelade, Nutella, Streichwurst, Streichkäse

eigene Ideen:

103

Hinweise:

Rhythmus findet sich in der Bewegung, der Sprache und der Musik. Er kann als frei-rhythmischer oder rhythmisch-metrischer Ablauf auftreten. Kinder finden bereits sehr früh in ihrer Entwicklung Spaß an Rhythmen. Sie verlangen in ihrem Tagesablauf, im Bewegungsverhalten, in sprachlichen und musikalischen Äußerungen ständig nach rhythmischer Gestaltung und ahmen diese nach. Entwickelt ein Kind kein Gefühl für Rhythmus, d.h. für räumliche und zeitliche Ordnung von Reizen und Abläufen, zeigt es häufig unkoordiniertes Bewegungsverhalten, Sprachauffälligkeiten, „ungeordnetes" Verhalten, Gedächtnis- und Aufmerksamkeitsprobleme, Entwicklungs- und Lernstörungen.

Spielmöglichkeiten:

Bewegung, Musik

Über das Kinderbett/an die Wand wird eine Gummischnur mit bunten Kugeln, Walzen, Scheiben, Glöckchen etc. gehängt. Die Schnur wird angezogen, sodaß die Kugeln und Glöckchen einen „Tanz" aufführen. Das Kind zupft selber und versetzt die Kugeln in Bewegung.

Um das Bein/die Hand des Kindes wickeln wir vorsichtig eine Gummischnur, an der einige Kugeln und Glöckchen locker befestigt sind. Das Kind strampelt, krabbelt, hüpft, rennt und hört den Rhythmus, den seine eigene Bewegung erzeugt. Es singt zu diesem Rhythmus ein Lied.

Die Kinder setzen Kugeln auf ihre Finger. Ein Kind denkt sich einen einfachen Rhythmus aus und „trommelt" ihn den anderen Kindern vor. Das nächste Kind übernimmt den Rhythmus, erweitert ihn, beantwortet ihn oder gibt ihn weiter.

Sprache

Das Kind gestaltet Kugeln, Walzen oder Scheiben mit Farben, Wolle, Stoff, Fell zu „Fingerpuppen" um. Es steckt diese auf seine Finger und spielt mit ihnen. Dabei spricht es rhythmische Verse und Reime oder singt ein Lied.

Die Kinder legen ein Oval aus rillengefräßten Einlegbrettchen als „Kopf". Sie kennzeichnen im „Gesicht" Augen, Nase und Mund. Sie sprechen den Vers: „Der Mond ist rund, der Mond ist rund. Er hat zwei Augen, Nase, Mund." Dabei fahren sie die entsprechenden Formen nach.

Das Kind erfindet zu drei oder vier verschieden farbigen Einlegeteilen je einen Satz („Geschichte"). Es legt die Teile hintereinander und wiederholt die ganze Geschichte im richtigen Ablauf.

Ein Kind legt bunte Einlegbrettchen wie Spielkarten in einer Reihe aus. Es gibt dabei jedem Brettchen einen „Namen" (z.B. „Ente", „Hund"). Ein anderes Kind merkt sich die Namen und wiederholt sie in der richtigen Reihenfolge.

benötigte Zusatzmaterialien:

Glöckchen, Stoff, Fell, Wolle, Stifte

eigene Ideen:

Hinweise:

Sprachbenutzung setzt ein gutes Wort- und Satzverständnis wie auch ein angemessenes Sprechvermögen voraus. In der Bewegung erobert sich das Kind seine Umgebung durch Betasten, Beriechen, Schmecken, Hören und Sehen. Es beginnt, die Welt zu begreifen und verbal zu erfassen. Durch wiederholtes Hören, eigenes Probieren und vielfältiges Anwenden erwirbt es sich allmählich eine echte Sprachkompetenz.

Spielmöglichkeiten:

Ein Kind liegt auf einer Schaukel (Grundbrett an einem Haken aufhängen). Um es herum sind auf dem Boden farbige Einlegebrettchen verteilt. Ein anderes Kind nennt eine Form oder Farbe. Das schaukelnde Kind versucht, die zugehörigen Brettchen einzusammeln.

Ein Kind sitzt auf einem „Rollbrett" (Grundbrett auf zwei Achsen mit Rädern). Es erhält ein bestimmtes Teil des Pertra-Satzes. Ein anderes Kind schiebt es zu den in einiger Entfernung aufgestellten Holzkisten, die mit Symbolen gekennzeichnet sind (z.b. rot, dreieckig, groß). Das Kind wirft das Teil in den entsprechenden Kasten und begründet seine Handlung. Dieses Spiel läßt sich auch als Suchspiel für gleiche Dinge oder als Tast-Rate-Spiel mit geschlossenen Augen durchführen.

Die Kinder bauen einen Parcour mit Hindernissen aus allen Teilen des Pertra-Satzes auf. Ein Kind nennt Fortbewegungsart und Ziel des „Spazierganges", z.B. „Hüpfe zum roten Turm und nimm zwei Äste mit!" Die anderen Kinder führen die Aufgabe aus.

Alle Kinder erhalten ein Seil. Vor ihnen liegen verschiedene gelochte Teile des Pertra-Satzes. Ein Oberbegriff wird vereinbart. Jedes Kind nennt ein Wort. Paßt dieses zum Begriff, darf es ein Holzteil auffädeln. Wer erhält die längste „Schlange"?

Je zwei Einlegebrettchen erhalten die gleiche Oberflächenbeschaffenheit (z.B. Bohrungen für Stöpsel; Gummi, Fell, Styropos, Sandpapier, Rinde). Die Kinder spielen „Fühlmemory" oder ähnliche Ratespiele und verwenden dabei Begriffe wie „rauh", „glatt", „weich", „hart", „kalt", „warm".

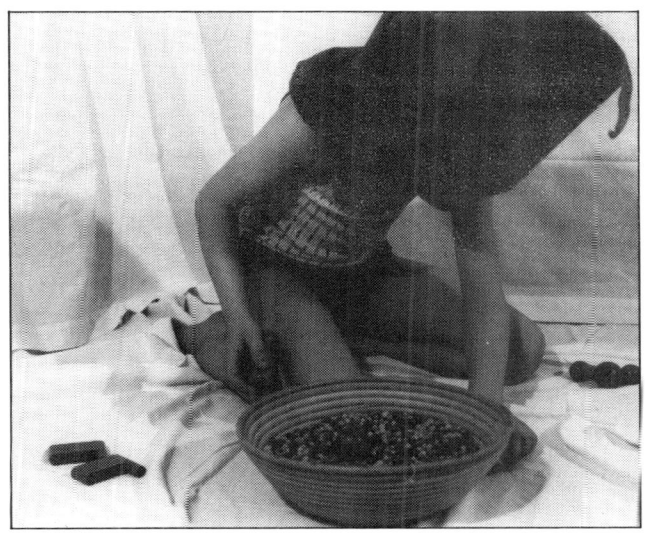

Die Kinder bauen verschiedene „Häuser" aus Fähnchen, Einlegebrettchen, Gummischnüren und Kugelbolzen. Sie stellen Tiere, Männchen, Autos in/auf/vor/hinter/rechts/links neben die Häuser. Sie lassen die anderen Kinder raten, wo ein bestimmtes Tier steht.

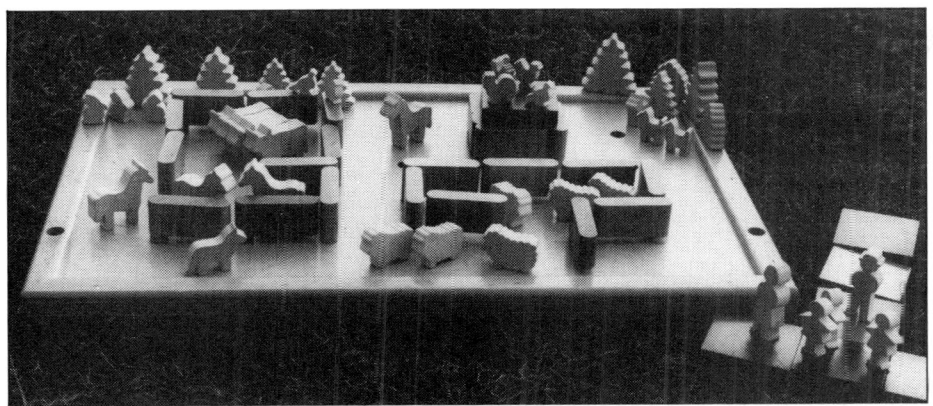

Die Kinder bauen aus den rillengefrästen Einlegeteilen ein Straßensystem mit Kreuzungen, Parkplätzen, Haltestellen auf. Sie spielen mit den Autos und Männchen Verkehrssituationen durch und verbalisieren diese.

benötigte Zusatzmaterialien:

Tastmaterial wie Stoff, Sandpapier, Rinde etc., Deckenhaken

Hinweise:

Im Laufe der Entwicklung erfährt das Kind, daß sein Körper zwei unterschiedliche Seiten hat, daß sich diese aber gegenseitig ergänzen. Es überträgt diese Körpererfahrungen allmählich auf den Raum um seinen Körper herum und lernt, Raum und Richtung wahrzunehmen und zu differenzieren. Links und rechts kann es aber meist erst mit 6—9 Jahren sicher unterscheiden, da dann auch seine Seitigkeitsentwicklung weitgehendst abgeschlossen ist.

Spielmöglichkeiten:

(Körper-)Seiten wahrnehmen

Das Kind sitzt im „Reitsitz" auf einer aufblasbaren Rolle (Kissen). Es lehnt rechts und links an die Rolle je ein langes Einlegebrett und läßt auf ihm abwechselnd rechts und links Kugeln (Autos) herunterrollen.

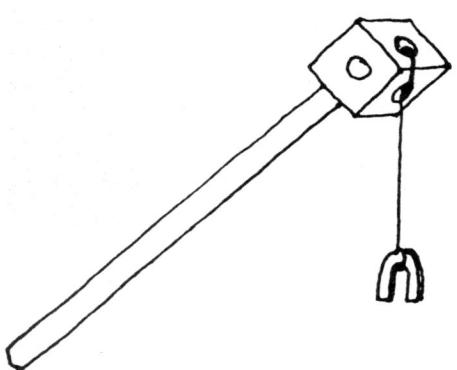

Die Kinder bauen eine „Brücke" aus Konusstangen. Sie balancieren auf den Stangen entlang und „fischen" mit einer Angel (Stange mit Schnur, an der Magnet befestigt ist) abwechselnd rechts und links Einlegebrettchen, Walzen, Kugeln und Scheiben aus dem „Wasser" (vorher mit Rundmagneten versehen). Am Ende der Brücke stecken sie ihre „Fische" auf „Trockenstangen", die rechts und links neben der Brücke aufgestellt sind.

Aus rillengefrästen Brettchen und langen Einlegebrettern bauen die Kinder eine gerade von ihnen wegführende Straße. Von dieser Straße lassen sie nach rechts und links Wege abzweigen. Ein Kind stellt sich als „Polizist" auf und regelt den Verkehr: Es streckt immer einen Arm in die Richtung, in welche die Autos fahren sollen. Alle Kinder lassen ihre Autos in die entsprechenden Wege abbiegen.

Die Kinder machen „Spiegel"-Spiele: Zwei Kinder stehen sich gegenüber. Ein Kind nimmt z.B. einen Stab, dann einen Würfel, ein Zahnrad etc. und steckt es in einer bestimmten Anordnung auf die Stange. Dann führt es selbst erdachte „Kunststücke" mit seinem „Jonglierstab/Zauberstab" aus. Das andere Kind ahmt sofort jede Bewegung exakt nach, da es der „Spiegel" ist.

Rechts und links unterscheiden

Die Kinder bauen aus Muldenknochen und 4-Loch-Brettchen oder Stangen aus Lochscheiben „Autos". Sie stellen sich mit ihren Autos an einem festgelegten Startpunkt auf. Ein Kind hält am Zielpunkt eine Konusstange mit Würfel und Fähnchen als „Wegweiser" in die Höhe. Es dreht die Fahne nach links oder rechts und ruft dazu die Richtung aus. Alle Kinder „fahren" in die angegebene Richtung. Wer die falsche Richtung einschlägt, scheidet aus. Wer gelangt ans Ziel?

Das Kind baut aus runden Einsteckteilen und Zeigern eine „Uhr". Es dreht den großen/kleinen Zeiger an und wartet, wo er stehen bleibt. Es streckt seinen Arm in diese Richtung und benennt sie. Es liest evtl. die „Uhrzeit" vor.

benötigte Zusatzmaterialien:

aufblasbare Rolle/Kissen, Magnete

eigene Ideen:

Hinweise:

Die visuelle Form- und Raumwahrnehmung stellt eine hoch entwickelte Form der Wahrnehmung dar. Das Kind muß hierfür seinen eigenen Körper genau wahrnehmen und seine Körperteile gezielt einsetzen können. Es muß Beziehungen zwischen seinem Körper und dem umgebenden Raum herstellen und auf diese Beziehungen motorisch angemessen reagieren können. Die visuelle Figur-Grund-Wahrnehmung und die Formkonstanz müssen ausgebildet sein. Vorwiegend visuell ausgerichtete Spiele sollten daher nicht zu früh angeboten werden, da sie das Kind überfordern bzw. isolierte „Splitterfähigkeiten" anbilden könnten.

Spielmöglichkeiten:

Bewußtes visuelles Wahrnehmen von Formen

Das Kind spielt mit bunten Einlegebrettchen, Muldenknochen, Fähnchen etc. „Formenlotto". Das Grundbrett dient dabei als „Lottokarte", auf welcher die Einzelteile abgelegt werden.

Die Kinder verteilen verschiedene Pertra-Teile auf dem Boden. Sie malen auf die Laschen von Einweckringen je ein Symbol für diese Teile. Dann „fangen" sie mit den Ringen die zugehörigen Dinge durch Auflegen „ein".

Auf den Boden/Tisch wird ein großes Papier gelegt. Das Kind erhält eine Form des Pertra-Satzes und hält sie unter eine starke Lampe. Es malt den auf das Papier fallenden Schatten nach und vergleicht seine Zeichnung mit dem Original. Es fertigt möglichst viele verschiedene „Schatten-Ansichten" von dem gleichen Holzteil an.

Unterscheiden und Anordnen von Formen

Ein Kind hält ein Holzteil vor eine starke Lichtquelle (z.B. Taschenlampe), die es auf eine nahe Wand richtet. Ein anderes Kind erkennt die Form des Teiles an seinem Schattenbild und sucht ein entsprechendes aus den Kisten heraus.

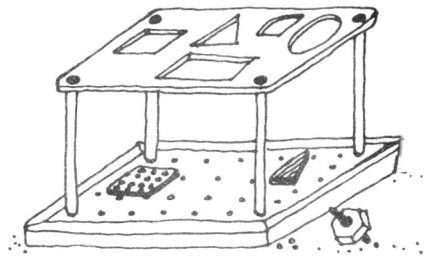

Wir sägen/schneiden aus einer Sperrholzplatte/Karton die Umrißformen verschiedener Pertra-Teile und setzen diese „Loch-Platte" auf vier auf dem Grundbrett montierte Stangen. Alle zur Platte passenden Teile werden bereitgelegt. Mit dem ebenso gekennzeichneten Sechskantwürfel kreiselt das Kind und wählt die richtige Form aus (sie sollte bereits beim ersten Zugreifen stimmen). Es wirft diese durch den passenden Ausschnitt der Platte, ohne das Holzteil erst hin und her zu drehen.

Ein Kind ordnet rillengefräste oder farbige Einlegebrettchen, Muldenknochen, Kugeln etc. vor einem großen Spiegel in Kreis-, Oval-, Rechteck- oder anderer Musterformen. Das andere Kind sucht die gleichen Holzteile und baut das Spiegelbild nach.

Ein Kind baut eine „Straße" aus geraden und halbrunden Einlegebrettchen. Ein anderes Kind ersetzt alle halbrunden durch schräg diagonale. Welches Muster entsteht?

benötigte Zusatzmaterialien:

großer Spiegel, Sperrholzplatte/Pappe, Säge, starke Lichtquelle, Papier, Stifte, Gummiringe

eigene Ideen:

111

Spielmöglichkeiten:

Bewußtes visuelles Wahrnehmen der Umgebung

Das Kind kennzeichnet die vier Ecken eines Raumes/großen Vierecks durch farbige Papierbögen/Tücher. Es baut von der Mitte des Raumes aus Wege (Einlegebrettchen mit der bedruckten Seite) zu den farbigen Zielpunkten. Es läßt die Autos (Kugeln, Männchen) auf den Straßen zu den gleichfarbigen Zielen fahren.

Das Kind baut aus den Pertra-Teilen Hindernisbahnen, die ansteigende Treppen und zunehmende Abstände aufweisen (z.b. Treppen aus immer größer werdenden aufgestellten Stangen). Es überspringt die Hindernisse, ohne dabei anzuhalten.

Die Kinder suchen verschiedene Gebäude in ihrer Umgebung, die sie mit den Holzteilen nachbauen. Sie achten dabei vor allem darauf, ob und wo diese Gebäude Türen und Fenster aufweisen.

Raumlage

Ein Kind erhält eine Bildvorlage für ein Muster/eine Raumanordnung aus verschiedenen Pertra-Teilen. Es versucht, diese Anordnung nachzulegen, aufzumalen und evtl. aus dem Gedächtnis noch einmal zu gestalten.

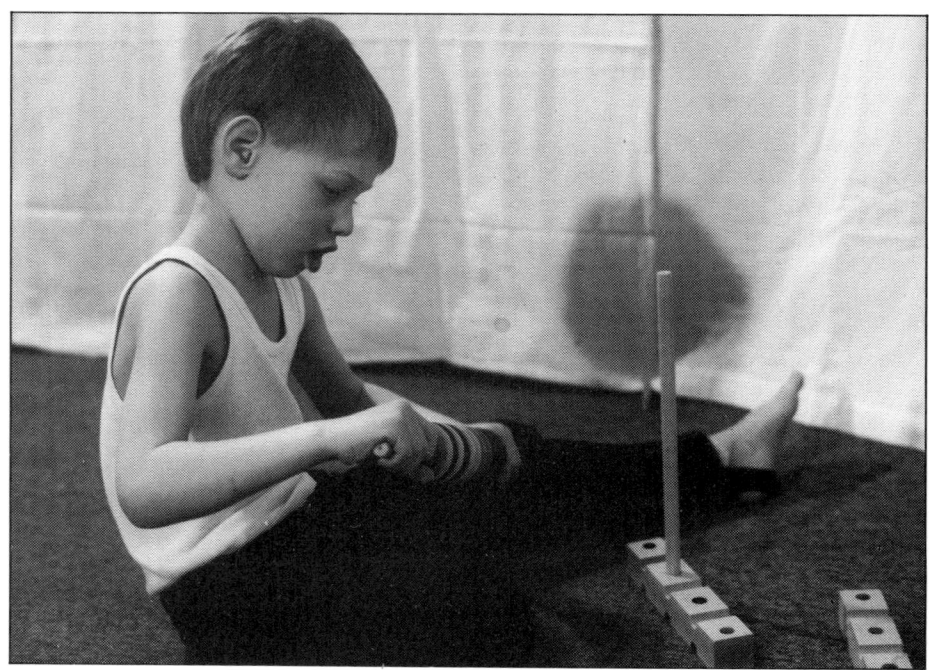

Das Grundbrett wird durch eine Gummischnur in zwei gleiche Hälften geteilt. Ein Kind legt auf einer Seite der Platte ein Ornament, eine Linie oder eine Form. Ein anderes Kind sitzt an der gegenüberliegenden Brettseite und versucht, diese Form senkrecht/waagerecht gespiegelt nachzubauen.

Alle Kinder erhalten je ein Muldenbrettchen oder 4-Loch-Brett und drei Muldenknochen, Kugeln, Fähnchen und Kugelbolzen. Ein Kind legt mit diesen Dingen auf einer Seite des Zimmers eine selbst erfundene Anordnung auf dem Brettchen. Die anderen Kinder hüpfen, krabbeln, rollen zur anderen Seite des Raumes und legen dort die Anordnung aus dem Gedächtnis nach. Sie vergleichen mit der „Vorlage".

Wir teilen das Grundbrett („Schrank") durch Gummischläuche in Fächer ein. Ein Kind ordnet „Spielsachen" (Pertra-Teile) in die „Schrankfächer" ein. Ein anderes Kind baut auf einem zweiten Brett den gleichen „Schrank" und ordnet die gleichen Dinge ein. Dabei legt es alle „Spielsachen" in der gleichen Raumlage in die Fächer.

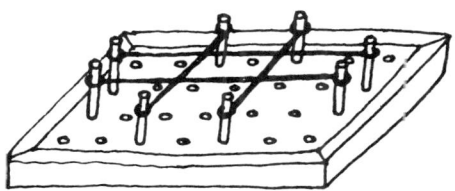

Alle dreieckigen (runden, viereckigen) Pertra-Teile erhalten an der gleichen Stelle eine Bohrung (oder Markierung). In dieses Loch wird ein Stöpsel aus Holz, Gummi oder Borsten gesetzt. Das Kind ordnet nun alle Teile in „Schlangenlinie" an und achtet dabei darauf, daß alle Löcher/Stöpsel in die gleiche Richtung zeigen.

benötigte Zusatzmaterialien:

farbige Papiere/Tücher (rot, gelb, grün, blau), Stifte, Pfeile, Mustervorlagen, Taststöpsel (Gummi, Holz, Borsten), Bohrer

eigene Ideen:

Spielmöglichkeiten:

Räumliche Beziehungen

Im begrenzten Raum sind 4—6 Markierungspunkte (z.b. Würfel, Fähnchen, Stangen) ausgelegt. Zwei Kinder stehen sich Rücken an Rücken gegenüber und haben ihre Arme eingehakt. Das eine Kind denkt sich einen Weg um die „Hindernisse" herum aus. Es zieht das andere Kind hinter sich her zu einem festgelegten Punkt. Am Ziel versucht das geführte Kind, die Hindernisse und den zurückgelegten Weg auf dem Grundbrett darzustellen.

Ein Kind konstruiert aus den Teilen des Pertra-Satzes z.b. ein bewegliches Tier. Ein anderes Kind erhält dieses Tier, betrachtet es genau, nimmt es auseinander und baut es wieder genauso zusammen.

Das Kind legt aus verschiedenen Einlegebrettchen einen „Spielplan" auf die Grundplatte. Es markiert mit Pfeilen (Folienstift, Papier) den Weg, der eingehalten werden soll. Dann „würfelt" es mit dem Kreisel und läßt ein Spielmännchen den Weg ablaufen.

Aus Fähnchen, Kugelbolzen, Gummischnüren, Muldenknochen etc. erfindet das Kind ein Kugellabyrinth auf der Grundplatte. Es läßt Kugeln oder Glockenkugeln auf einem vorher festgelegten oder markierten Weg zu einem Zielpunkt laufen. Es baut Tore oder „Anschlagpfosten" (z.B. Konusstangen) ein und durchläuft diese bzw. berührt sie. Es malt die Kugelbahn auf Papier auf.

Das Kind legt ein großes Papier auf das Grundbrett und drückt durch das Papier in jedes Loch des Brettes einen Kugelbolzen. Es spannt eine Gummischnur in einer erdachten Anordnung um die Bolzen (z.B. ∧∨∧ ☐ ⌴ ⌐ ⌴ ⌐).

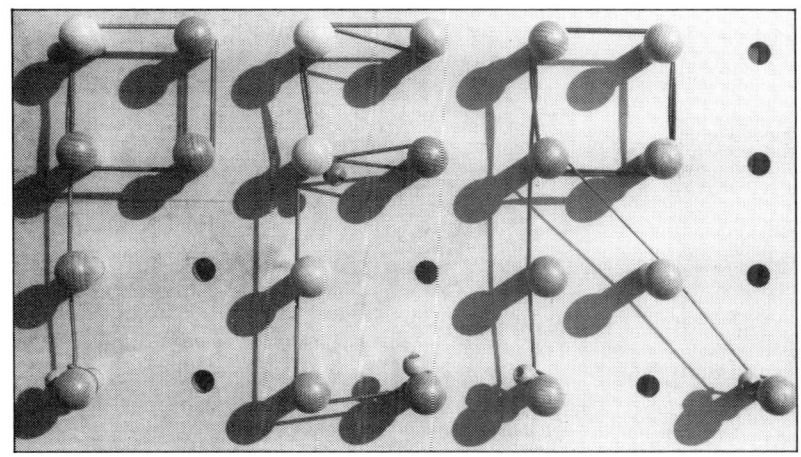

Dann legt es das Brett unter eine starke Lichtquelle und zeichnet die Schattenlinie der Gummischnur mit Stiften nach. Es entfernt die Schnur und die Kugelbolzen und malt aus dem Gedächtnis mit Hilfe der Löcher im Papier die Schnurlinie nach.

Das Kind fädelt durch die Löcher des senkrecht gestellten Grundbrettes bunte Schnüre und „näht" mit ihnen Kugeln fest. Ein anderes Kind zeigt oder benennt die Position der nächsten Kugel (z.B. erstes Loch von oben und von rechts). Die Kinder malen gemeinsam die entstandenen „Fädelmuster" auf ein Kästchenpapier.

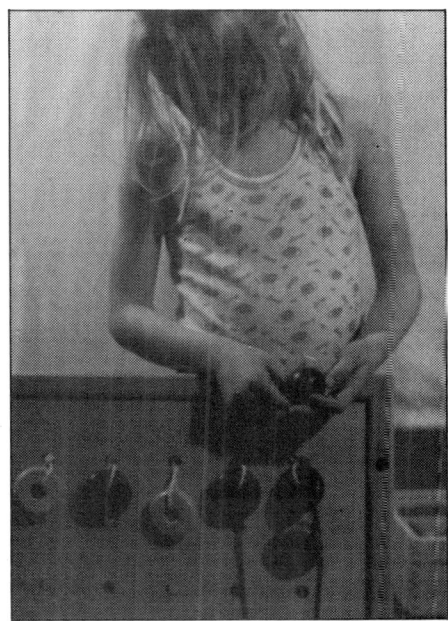

Die Kinder verknoten die Gummischnüre und legen sie im Raum als „Häuser" aus. Sie holen Hüpfbälle, Laufcollis, Rollbretter etc. oder fertigen sich selber „Fahrzeuge". Ein Kind gibt den Weg an, z.B. „Fahre am roten Haus vorbei, biege zum grünen Haus nach links ab und ruhe dich im gelben Haus aus". Alle Kinder befolgen den Auftrag.

benötigte Zusatzmaterialien:
Hüpfbälle, Rollbretter, Laufdollis etc., Malpapier, starke Lichtquelle, Glockenkugeln, Stifte

eigene Ideen:

Hinweise:

Die Greifentwicklung des Kindes beginnt bereits bei der Geburt. Sie hat zwischen dem 5. und 24. Lebensmonat ihren Schwerpunkt. Das Kind lernt, seine Hände zu öffnen und zu schließen, und damit Gegenstände festzuhalten und wieder loszulassen. Es beginnt, seine Finger einzeln zu benutzen und sie zu unterscheiden. Mit dem Erwerb des Pinzetten- und Zangengriffes kann es kleine Dinge geschickt aufheben und mit ihnen hantieren. Die Beweglichkeit der Handgelenke nimmt zu und ermöglicht Dreh- und Schraubbewegungen. Mit etwa zwei Jahren ist die Greifentwicklung abgeschlossen. Es folgt nun eine ständige Verbesserung der Auge-Hand-Koordination und damit der Geschicklichkeit, die einen angepaßten Krafteinsatz, differenzierte Bewegungen und genaue Zielanpassung erfordern.

Da handmotorische Störungen für das Kind eine echte Lebens- und Leistungsbeeinträchtigung darstellen können, sollten Förderspiele in diesem Bereich häufig angeboten werden. Sie müssen abwechslungsreich sein und auf der tatsächlichen (handmotorischen) Entwicklungsstufe des einzelnen Kindes ansetzen. Fehlhaltungen der Hände bei bestimmten Tätigkeiten wie Schneiden oder Malen sollten gar nicht erst zustande kommen bzw. sofort korrigiert werden.

Spielmöglichkeiten:

Festhalten und Loslassen

Das Kind baut „Türme" (Stangen in Grundbrett stecken) aus Scheiben, Kugeln oder Walzen. Es läßt dazu das Holzteil oben an der Stange los und schaut zu, wie es mit Geklapper hinunterfällt.

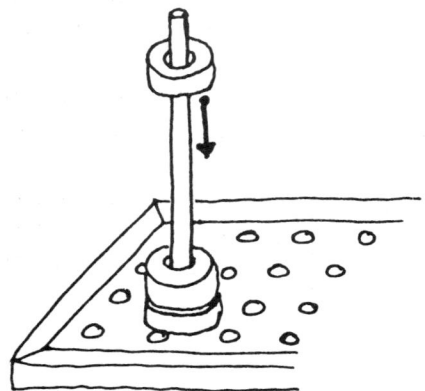

Das Grundbrett wird auf vier Holzstangen aufgebockt. Die Kinder nehmen kleine Kugeln, Holzstöpsel, Erbsen etc. und lassen sie genau durch die Löcher des Brettes fallen. Unter besonders markierte Löcher können wir auch „Auffangkästen" stellen.

Zwei Kinder lehnen zwei lange Einlegebretter als „Rutschbahnen" an eine Matratze. Ein Kind läßt gleichzeitig auf jeder Bahn oben ein Auto (Männchen/Kugel) los. Das andere Kind fängt unten die Autos auf.

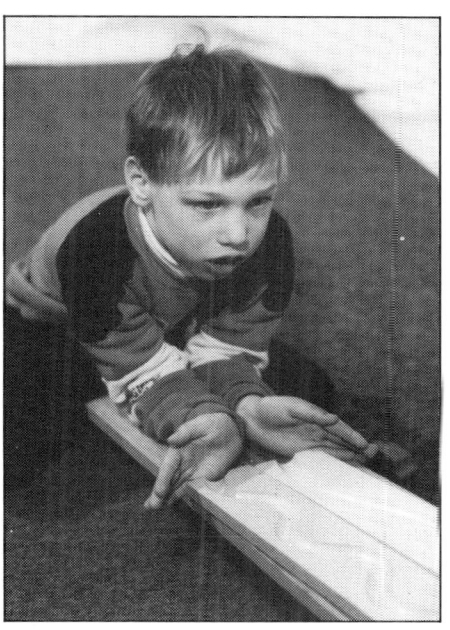

Fingerausdifferenzierung

Das Kind steckt einen Holzring auf einen Finger. Es läßt den Ring an seinem Finger kreisen, hochhüpfen, auf einen Finger der anderen Hand springen, trommeln etc. Es probiert aus, wie viele Ringe auf einen Finger passen.

Wir spielen gemeinsam mit dem Kind Sprechreime, Lieder und Fingerspiele. Wir setzen uns dafür Pertra-Teile als Figuren auf die Finger. Das Kind bewegt während des Spieles einzelne Finger und benennt diese.

Die Kinder spielen „Schmutz-Picker". Sie verteilen gelochte Pertra-Teile auf dem Boden. Auf ein Signal hin (oder während Musik läuft) picken sie mit einem vorher bestimmten und gekennzeichneten Finger die Teile auf und bringen sie zu einem „Papierkorb". Wer hat die meisten Dinge eingesammelt?

benötigte Zusatzmaterialien:

Matratze, Erbsen, Musik

eigene Ideen:

117

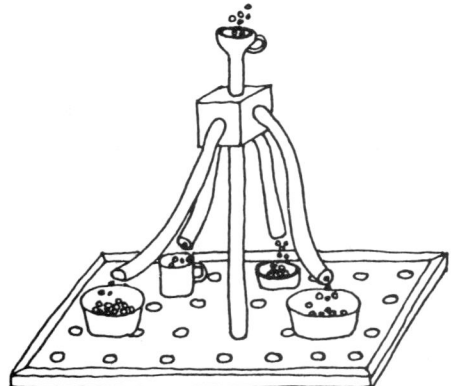

Spielmöglichkeiten:

Pinzetten- und Zangengriff

Das Kind steckt je eine Kugel auf Daumen und Zeigefinger. Es schlägt beide Kugeln als Fingerklappern zusammen und begleitet damit einen Sprech- oder Liedrhythmus.

Die Kinder bauen aus Würfeln und langen Gummischläuchen „Kugelbahnen" für Erbsen, Linsen, Bohnen etc. Sie hängen einen Würfel möglichst hoch auf, so daß in den Schläuchen Gefälle entsteht. Unten fangen sie die Erbsen mit der Hand oder in Behältern auf.

Das Kind faßt einen Kugelbolzen im „Pfötchengriff" an (Kugel in der Faust) und malt mit ihm Bilder in Sand, Lehm oder Schnee.

Die Kinder legen die kleinen Kugeln auf die Löcher des Grundbrettes. Sie erfinden dabei verschiedene Muster und Anordnungen.

Das Kind legt die Scheiben als „Teller" auf Kunststoffbrettchen. Es füllt mit Daumen und Zeigefinger Mehl, Salz, Reis oder Zucker in die Löcher.

Das senkrecht gestellte Grundbrett wird als „Nähbrett" für farbige Schnur verwendet. Wir üben an ihm Knoten und Schleife-Binden.

Aus Gummischnüren und anderen Pertra-Teilen erfinden die Kinder „Seilbahnen", die ein Gefälle haben. Sie lassen „Klammermännchen" auf der Schnur hoch und wieder herunterfahren.

Die Kinder fädeln aus Kugeln, Walzen und Scheiben große „Hampelmänner" auf dicke Schnur.

Handgelenksbeweglichkeit

Die Kinder fertigen aus Stangen, Würfeln und Fähnchen lange „Wetterfahnen". Sie halten die Fahnen hoch (nach vorne/unten, zur Seite) und drehen sie zu dem Vers „Wie das Fähnchen auf dem Turme" möglichst nur aus dem Handgelenk heraus.

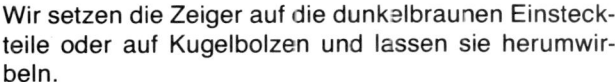

Die Kinder schrauben den Sechskantkreisel auf und stellen aus der Schraube und anderen Holzteilen neue Kreisel her. Sie kreiseln mit den dunkelbraunen Einsteckteilen und vergleichen die unterschiedlichen Dreheigenschaften der Teile.

Wir setzen die Zeiger auf die dunkelbraunen Einsteckteile oder auf Kugelbolzen und lassen sie herumwirbeln.

Die Kinder durchbohren Einlegebrettchen und schrauben je zwei gleiche Teile mit Schrauben und Muttern zusammen. Sie erfinden „Schraub-Puzzle-Bilder", indem sie einzelne durchbohrte Brettchen als Bild auf der senkrecht stehenden Grundplatte befestigen.

benötigte Zusatzmaterialien:

lange Schrauben, Bohrer, lange Schläuche/Rohre, Klammern, Erbsen, Bohnen, Reis, Salz, Zucker, farbige Schnüre

eigene Ideen:

119

Hinweise:

Unter Auge-Hand-Koordination versteht man das Zusammenspiel von Augen und Händen. Die Augen dienen dabei als „Aufnahmeorgane" vorwiegend visueller Reize, während die Hände als „Ausführungsorgane" auf die Reizverarbeitung im Gehirn reagieren. Voraussetzungen für die normale Entwicklung der Auge-Hand-Koordination sind eine gut funktionierende Augentätigkeit, eine sichere aufrechte Haltung, eine altersentsprechende Hand- und Greifmotorik und eine gut integrierende Wahrnehmungsfähigkeit, vor allem im visuellen Bereich.

Spielmöglichkeiten:

Bauen, Stecken

Die Kinder bauen aus den Pertra-Teilen einen möglichst hohen Turm, der oben immer schmaler wird (oder umgekehrt).

Sie stecken Teile auf-/ineinander und konstruieren so „Tiere", „Menschen", und „Fahrzeuge".

Sie bauen aus 4-Loch-Brettchen und Muldenbrettchen wackelige „Felsenställe" und „Zoobäume", die sie mit Tieren aus Belebungsmaterial besetzen. Wir setzen vier Konusstangen auf die Grundplatte und legen oben eine (selbstgefertigte) „Formen-Loch-Platte" darauf. Das Kind wirft alle passenden Pertra-Teile durch die zugehörigen Schlitze.

Rollen, Werfen, Treffen

Die Kinder legen alle Scheiben in einer von ihnen wegführenden Linie aus und setzen eine Kugel auf jede Scheibe. Sie versuchen, diese Kugeln aus entsprechender Entfernung mit einer farblich gekennzeichneten Kugel von der Scheibe zu werfen.

Auf dem Boden werden Würfel mit eingesteckten Kugelbolzen in einer geraden Linie aufgestellt und mit Symbo-
len/Ziffen versehen. Die Kinder versuchen, „Seilreifen" (Seile mit eingesteck-

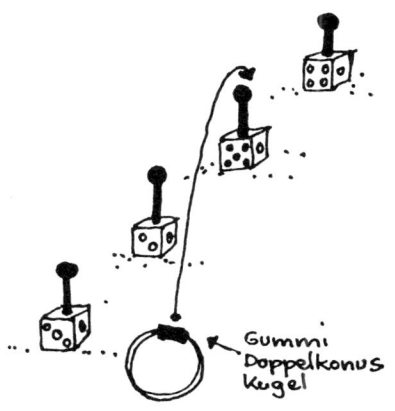

tem Draht) über die Würfel zu werfen und so ein entsprechendes Symbol zu treffen, bzw. Punkte zu bekommen.

Spuren

Die Kinder spuren mit Autos und Männchen Straßen nach. Sie lassen diese auf
den Wegen fahren oder „Fußball" spielen. Sie legen Bleischnüre als „Schlangen"
in die Rillen/auf die Farbstreifen.

Wir stecken einen festen Draht durch
ein Seil. Dann fädelt das Kind eine Walze (Kugel, Scheibe) auf den Draht, setzt
das Seil mit zwei Konussteckern in das
Grundbrett und spurt es mit der Walze
nach. Es verbiegt den Draht zu einer
Welle, Spirale oder Zickzacklinie, und
spurt wieder den Weg ab.

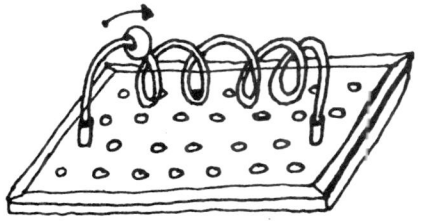

Das Grundbrett wird auf vier Würfel gestellt und mit einem Pergamentpapier unterlegt. Das Kind erhält eine brennende Kerze und tropft ein „Muster" durch die Löcher.
Es übermalt das Papier mit Wachsmalstiften und fertigt daraus ein Transparent.

benötigte Zusatzmaterialien:
Wachsmalstifte, Pergamentpapier, Kerze, Draht, Bleischnur, „Formen-Loch-
Platte", Tiere aus Belebungsmaterial

eigene Ideen:

Spielmöglichkeiten:

Wir hängen das Grundbrett an Seilen an der Decke auf und beladen es z.B. mit Kugeln. Das Kind versetzt die Schaukel in sanfte Drehbewegung. Es läuft mit der Schaukel mit und versucht dabei, die Kugeln mit einem Holzstab vom Brett zu stoßen.

Ein Kind erhält als „Fuchs" einen bodenlangen „Schwanz" aus einem Seil und einer Abschlußkugel. Es läuft los. Die anderen Kinder versuchen, den Fuchs einzuholen und ihm auf seinen „Schwanz" zu treten. Sie können ihn auch mit abgepolsterten langen Einlegebrettern oder Stäben abschlagen.

Die Kinder bauen aus Stangen, Würfeln und Fähnchen „Eishockey"-Schläger. Sie treiben eine Kugel mit den Schlägern vor sich her und versuchen, sie in ein Tor zu stoßen.

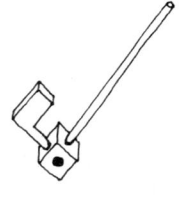

Ein Kind legt 1—3 Kugeln auf ein langes Einlegebrett. Es schließt die Brettenden mit seinen Händen ab und läßt die Kugeln hin- und herrollen. Es geht dabei vorsichtig vorwärts und übersteigt Hindernisse.

Zwei Kinder tragen das mit Kugelbolzen besteckte Grundbrett an seinen Griffleisten oder an Seilen zwischen sich her. Sie wechseln dabei Geschwindigkeit und Gangart und bewältigen Hindernisse. Die anderen Kinder schleichen als „Diebe" hinter den zweien her und versuchen, ihnen beim Gehen Kugelbol-

zen zu „klauen" (bzw. zusätzliche einzusetzen oder aufzulegen).

Wir binden eine Kugel mit einer dünnen Schnur an das Grundbrett. Das
Kind nimmt die Platte hoch und versucht, durch schwungvolles Bewegen
die Kugel auf diese zu befördern.

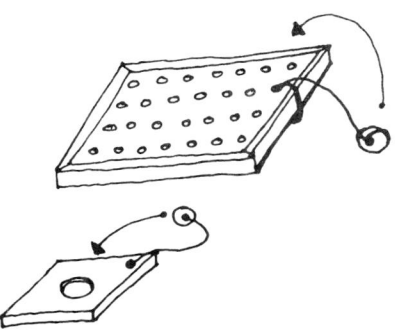

Das Kind bohrt je eine kleine Schraube
in ein flaches Einsteckteil mit großem
Loch und in eine kleine Kugel. Es verbindet beide mit einer langen Schnur.
Dann schwingt es das Einsteckteil so,
daß die Kugel durch das Loch fällt.

Die langen Einlegebretter oder die
durch Stangen verlängerten flachen
Einsteckteile dienen als „Löffel" für
„Eier-Laufen" (z.B. mit Kugeln, Muldenknochen).

Aus mit Draht gefestigten Seilen formen
wir „Reifen", die rollen können. Das
Kind setzt einen Reifen in Bewegung
und wirft Kugeln, Stäbe oder Bolzen
durch den rollenden Reifen.

Zwei Kinder bauen ein Kugellabyrinth
auf der Grundplatte auf. Sie heben das
Brett auf beiden Seiten an und lassen
die Kugel zu einem vorbestimmten Ziel
rollen bzw. jonglieren sie um „Fallen"
herum.

benötigte Zusatzmaterialien:

fester Draht, kleine Schrauben, Bohrer, dünne Schnur, Seile, Deckenhaken

eigene Ideen:

Hinweise:

Die Fähigkeit, auch ungewohnte Bewegungen zu planen und geschickt auszuführen, setzt eine gute sensorische Integrationsfähigkeit voraus. Das Kind muß seinen Körper differenziert wahrnehmen und seine Körperteile gezielt einsetzen können. Es muß über sensomotorische Schemata verfügen und diese auch abrufen können. Dyspraktische Kinder zeigen oft ängstliches und unsicheres Bewegungsverhalten. Sie können alltägliche Abläufe wie An- und Ausziehen, Treppensteigen, Benutzen von einfachem Werkzeug, Schneiden, Malen, Kleben, Kneten etc. lange Zeit nur mühsam ausführen.

Spielmöglichkeiten:

Einig Kinder stellen sich hintereinander auf und fassen sich an Hüften oder Schultern an. Jedes Kind legt Einlegebrettchen unter seine Füße. Über alle Kinder breiten wir ein großes Tuch. Der „Tausendfüßler" bewegt sich zu Musik langsam auf ein festgelegtes Ziel zu, ohne dabei auseinanderzureißen oder anzustoßen.

Wir legen auf einen glatten Boden ein weiches, gleitfähiges Tuch. Auf dieses stellen wir das Grundbrett als „Schiff". Das Kind legt/setzt sich auf das Boot. Es hangelt sich an einer langen über/neben ihm liegenden Stange/Leiter oder an einer gespannten Wäscheleine zum „Hafen" vorwärts.

Das Kind baut ein „Rollbrett" (Grundbrett, Achsen, Räder) und setzt sich darauf. Es stößt sich mit seinen Beinen vorne oder seitlich ab und spritzt dabei gleichzeitig mit einer Spritzflasche eine gerade Linie, die es dann mit dem „Rollbrett" überfährt.

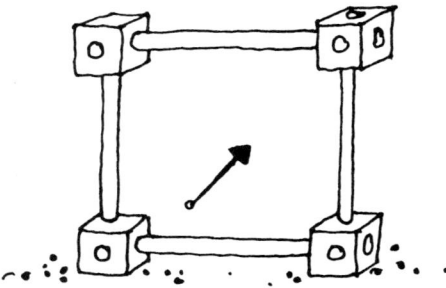

Die Kinder stecken aus je vier Würfeln und vier Stangen „Tunnels". Sie krabbeln durch diese „Tunnels", ohne sie zu berühren und umzustoßen. Die entstandenen Quadrate können wir auch waagerecht als „Brunnenlöcher" auf Bauklötze legen. Die Kinder steigen vorsichtig hinein und schlängeln sich unter den Stangen wieder heraus.

Das Kind konstruiert aus den Pertra-Teilen eine „Rakete", mit der es zum „Mond" fliegt. Es setzt einen „Helm" mit „Antenne" (Kugelklopper) auf und geht zum Startplatz. Es springt mit einem vorher festgelegten Bein ab und landet genau auf dem mit Einlegebrettchen markierten „Landeplatz". Es bewegt sich federnd im „luftleeren" Raum auf Spuren vorwärts, die ein anderer „Raumfahrer" gelegt hat.

Zwei Kinder bauen aus je einem 4-Loch-Brettchen und einer Konusstange einen „Einbeinhocker". Sie setzen sich in entsprechender Entfernung einander gegenüber auf ihre Hocker und rollen mit den Füßen einen „Kugelball" zwischen sich hin und her.

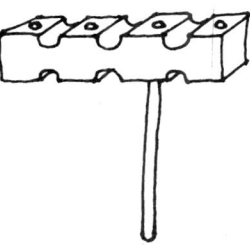

benötigte Zusatzmaterialien:

Wäscheleine, Stange/Leiter, gleitfähiges Tuch, großes Tuch

eigene Ideen:

Hinweise:

Figur-Grund-Wahrnehmung meint die Loslösung von Sinnesreizen aus einem Hintergrund vieler anderer Reize. Das Kind nimmt einen Reiz wahr und erkennt ihn als „Figur" vor einem „Hintergrund". Die „Figur" kann sehr bald selber zum „Hintergrund" werden, während dieser als „Figur" in den Vordergrund rücken kann. Die Figur-Grund-Unterscheidung entwickelt sich zuerst im Bereich der propriozeptiven und der taktil-kinästhetischen Wahrnehmung. Sie muß jedoch in allen Wahrnehmungsbereichen gut ausgebildet werden, damit sich ein Kind willentlich, aufmerksam und ausdauernd mit Lernangeboten beschäftigen kann. Förderspiele sollten anfangs auf die Unterscheidung weniger, aber starker Reize in einer reizarmen Umgebung ausgerichtet sein. Später werden sie in einen „reiz-intensiven" Rahmen eingebettet (z.B. verschiedene Zusatzreize im Raum wie Farben, Licht, Geräusche etc., am Material jedoch Reizbeschränkung auf eine Sinnesmodalität).

Spielmöglichkeiten:

Wir legen das Grundbrett und wenige benötigte Holzteile auf einen dunklen Untergrund. Sie heben sich so deutlich von dem Hintergrund ab und können beim Spielen vom Kind leichter beachtet und unterschieden werden. (Bei überreizten Kindern sollten wenig andere Reize im Zimmer vorhanden sein). Nach einiger Zeit gleichen wir die Farbe des Hintergrundes immer stärker dem verwendeten Material an, bis beide etwa den gleichen Farbton aufweisen (z.B. naturfarbene Holzteile auf einem naturfarbenen Tisch). Auch zusätzlich am Material gesetzte taktile Reize entfernen wir allmählich.

Das Kind baut einen Kreis aus Einlegebrettchen. Es kann diese Aufgabe in verschiedenen Schwierigkeitsstufen durchspielen:

— Es erhält nur die benötigten Teile (4 halbrund gefräste Brettchen) und legt sie, evtl. nach Vorlage, mit der Rillenfräsung (starker taktil-kinästhetischer und visueller Reiz) nach oben in den quadratischen Einsatz.

— Es sucht die notwendigen Teile aus einer Menge anderer Dinge wie Kugeln, Walzen etc. heraus.

— Es findet die Teile auch unter sehr ähnlichen Brettchen (über Eck gefräste) heraus.

— Es verwendet nicht mehr die gefräste Seite der Brettchen, sondern die bedruckte (nur noch starker visueller Reiz).

— Es baut verschieden große Kreise und erweitert sie zu Ovalen.

— Es legt aus allen passenden Brettchen Wellenlinien.

In einer Kiste/Sack liegen lauter gleiche Pertra-Teile (Muldenknochen, Konusbolzen, Kugeln, Einlegebrettchen etc.). Das Kind legt ein anderes Teil dazu. Es schließt seine Augen und f ndet dieses Teil durch Abtasten wieder. Allmählich steigern wir die Menge der unterschiedlichen Formen, die in der Kiste vermischt sind.

Das Kind stellt alle Autos auf ein langes Einlegebrett. Wir beträufeln ein Auto mit Parfüm, ohne daß es das Kind sieht. Das Kind erschnuppert das „stinkende" Auto. Manche Kinder können auch mehrere stark riechende Substanzen unterscheiden.

benötigte Zusatzmaterialien:

Materialien, die starke taktile Reize setzen (Sandpapier, Borsten, Fell, Leder Schaumstoff etc.), Duft-Essenzen „Krabbelsack", Augenbinde

eigene Ideen:

Hinweise:

Das Kind integriert Wahrnehmungen aus allen Sinnesbereichen und speichert sie im Gehirn. Aus gegebenem Anlaß erinnert es sich an diese, ruft sie ab und gibt sie wieder. Es verbindet Einzelerinnerungen zu bestimmten „Gruppen" und stellt aus ihnen Abfolgen her, d.h. es ordnet sie zeitlich hintereinander an. Mit zunehmendem Alter kann das Kind zwischen Aufnahme und Wiedergabe von Reizen und Reizfolgen größere Zeitspannen einschalten. Es verwendet jetzt bestimmte Strategien, um sich auch reizärmere Inhalte oder eine größere Anzahl von Abfolgen merken zu können. Spielangebote erleichtern dem Kind den Speichervorgang, wenn ihre Aufgabenstellungen klar und motivierend sind, wenn die zu merkenden Reize gut zu erkennen sind, wenn mehrere Sinne angesprochen werden, wenn Bewegung oder Handlung möglich ist, wenn häufige Wiederholung Spaß macht.

Spielmöglichkeiten:

Wir verwenden die verschiedensten doppelt vorhandenen Pertra-Teile für Memory-Spiele. Dabei beginnen wir mit 3—5 Paaren und steigern je nach Vermögen des Kindes.

- Das Kind ertastet gleiche Teile unter einer Decke, im Krabbelsack oder mit geschlossenen Augen.
- Es erschnuppert gleich riechende Teile, die es vorher mit unterschiedlichen Essenzen (z.B. ätherische Öle) beträufelt hat. Die Teile sollten dabei die gleiche Form und Farbe aufweisen.
- Es verwendet die mit Symbolen bedruckten quadratischen Einlegebrettchen oder unterlegt Brettchen mit selbst gemalten Bildern.
- Das Kind sucht unterschiedlich klingende Teile und ordnet sie mit geschlossenen Augen einander zu.
- Es bemalt je zwei Kugelbolzen an ihrem unteren Ende mit der gleichen Farbe und setzt sie in das Grundbrett. Es sucht zusammenpassende Bolzen wieder heraus.

Das Kind ordnet bestimmten Holzteilen oder Symbolen festgelegte Inhalte zu. Es merkt sich allmählich eine größere Anzahl an Zuordnungen (unter Einbeziehung verschiedener Sinnesbereiche).

- Das Kind holt ein Pertra-Teil aus einem „Krabbelsack", betrachtet seine Eigenschaften (Material, Form, Farbe etc.) und legt das Teil auf einen Gegenstand im Raum, der die gleiche(n) Eigenschaft(en) aufweist.
- Es legt eine lockere Reihe aus Autos, Männchen und kleinen Kugeln auf den Boden. Es ordnet dem Auto die Bewegung „fahren", dem Männchen die Bewegung „Gehen" und der Kugel die Bewegung „Rollen" zu. Es würfelt und hüpft über die entsprechende Anzahl ausgelegter Spielteile. Das zuletzt übersprungene Teil bestimmt, ob das Kind zu einem vorher festgelegten Ziel „fahren", „gehen" oder „rollen" soll.
- Die Kinder ordnen bestimmten Formen und/oder Farben der Pertra-Teile „Instrumente" zu, die sie selber gebaut haben (z.B. große Kugel: lauter Klang, kleine Kugel: leiser Klang). Als Spielform eignet sich u.a. ein Würfel-/Kreiselspiel mit Symbolen: Ein Kind erwürfelt das Symbol „rund". Ein anderes Kind sucht das passende Holzteil aus einer Kiste oder einem Sack und schlägt das zugehörige Instrument an.

Wir vergrößern die Merkspanne, indem wir zwischen Aufnehmen und Ausführen eine andere Tätigkeit einschieben, z.B. ein Lied singen, einen Vers aufsagen, den Gang entlanghüpfen, einen Turm bauen.

benötigte Zusatzmaterialien:

starke Riech-Essenzen, Krabbelsack, Augenbinde

eigene Ideen:

Hinweise:

Kreativität kann sich nur in einer Umgebung und Athmosphäre entwickeln, die dem Kind für seine Neugier und Phantasie, für seine Eigeninitiative und sein Experimentieren „wohlwollenden" Freiraum gewähren und gleichzeitig Anregungen setzen. Das Kind wird in einem solchen Rahmen der Umwelt gegenüber offen sein, sich von ihr anregen lassen, eigene Ideen finden und verwirklichen, Phantasie und Vorstellungen entwickeln und schöpferisch aktiv werden.

Spielmöglichkeiten:

Das Kind wählt einige Kästen des Pertra-Satzes aus und findet aus der momentanen Situation und Phantasie heraus Spielmöglichkeiten mit diesen Teilen.

Es erforscht gezielt einzelne Teile des Spielmaterials und ordnet ihnen die verschiedensten Aufgaben und Funktionen zu.

Es stellt Situationen oder Begebenheiten seiner Umgebung dar und lernt dabei, mit ihnen umzugehen oder sie im Spiel zu bewältigen, z.B. Wohnung, Familie.

Es bezieht in das Spiel mit dem Pertra-Satz weitere Spielsachen ein und verbindet alles zu einem harmonischen Ganzen, z.B. baut es ein Straßennetz aus Pertra-Teilen für seine Matchbox-Autos in einer Stadt aus Lego oder anderen Bauklötzen.

130

Das Kind erfindet „technische" Konstruktionen mit dem Spielsatz, z.B. bewegliche Figuren, Fahrzeuge, Maschinen, Instrumente.

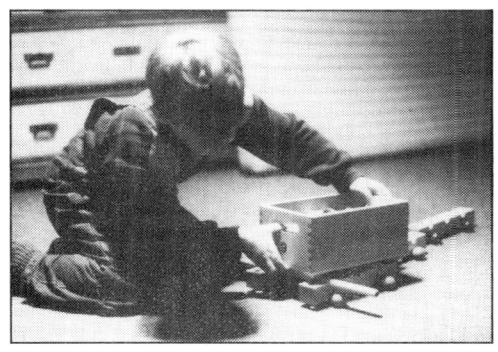

Das Kind spielt mit anderen Kindern zusammen und erhält durch sie neue Ideen.

Es nimmt den Pertra-Satz in eine neue Umgebung mit (z.B. Wiese, Wasserbecken/Wanne, Sandkasten, unebenes Gelände, Spielplatz) und erfindet reue Spielmöglichkeiten.

Es erhält einen Themenvorschlag für kreatives Freispiel, z.B. Baustelle, Häuser, Ställe, Zirkus, Wohnung, Spielplatz, Hafen, Tankstelle, Bahnhof, Krankenhaus, Autobahn, Bauernhof, Fabrik, Laden, Familie.

Es gestaltet zu einem Stichwort verschiedene Lösungen, z.B. zu „Winter": Eisplatz, Futterplatz für Tiere, Vogelhäuschen, Eis/Schnee auf den Straßen.

Es bezieht Werkmaterialien in sein Spiel mit dem Pertra-Satz ein und schafft „Kunstwerke" wie Fadenbilder, Lochbilder, Tropfbilder, Rubbelbilder. Es erfindet Wand und Raumgestaltungen, eröffnet „Ausstellungen" für Hände, Nase, Augen, Ohren und Zunge. Es übt sich im Gebrauch von Werkzeugen und von Arbeitstechniken wie Hämmern (Kugelbolzen), Nähen und Weben (auf dem Grundbrett), Knoten und Binden (mit Seilen), Schrauben (Schrauben mit Muttern) oder Stecken.

benötigte Zusatzmaterialien:
alles, was das Kind von sich aus zum Pertra-Satz hinzunimmt.

eigene Ideen:

131

Hinweise:

Jedes Kind zeigt individuelle Bedürfnisse und Gegebenheiten, die gleichrangig neben den Bedürfnissen der Gruppe und Gesellschaft stehen. Durch passive und aktive Auseinandersetzung mit anderen Personen bzw. einer Gruppe erwirbt das Kind die Fähigkeit, auf Menschen zuzugehen und mit ihnen Kontakt aufzunehmen, sich auf sie einzulassen und sich mit ihnen auszutauschen. Grundlage für den Erwerb dieser Fähigkeiten sind u.a. eine normal entwickelte Motorik und eine gut ausgebildete Integrationsfähigkeit in allen Wahrnehmungsbereichen. „Problemkinder" zeigen daher auch oft Auffälligkeiten oder gar Störungen in ihrem Sozialverhalten, die zwischen ängstlicher Zurückgezogenheit und herausfordernder Aggressivität liegen können. Spielen in der Kleingruppe oder im größerem Kreis ist gerade für sie dringend notwendig, da sich alles Spielen als Kommunikations- und Interaktionsprozeß darstellt, immer neue soziale Verhaltensweisen erfordert und damit soziales Lernen in ungezwungenen Situationen ermöglicht.

Spielmöglichkeiten:

Partnerspiele

Die Kinder legen Holzkugeln auf ein Tuch und fassen dieses an je zwei Ecken. Sie machen ein Signal aus, bei dessen Erscheinen sie die Kugeln mit dem Tuch hochschnellen lassen und wieder auffangen.

Zwei Kinder wählen gemeinsam solche Pertra-Teile aus, die sie für eine „Hindernisbahn" brauchen können und bauen diese auf. Das eine Kind schließt seine Augen und läßt sich vom anderen Kind um die Hindernisse herumführen oder über die Hindernisse hinweghelfen.

Die Kinder ordnen auf zwei langen Konusstangen Muldenbrettchen, 4-Loch-Brettchen, lange Einlegebretter oder Muldenknochen so an, daß eine „Leiter"-Form entsteht. Sie heben gemeinsam die Stangen hoch und tragen die „Leiter" nach Hause.

Zwei Kinder sitzen hintereinander auf dem Boden. Das hintere Kind malt seinem Vordermann die Form eines Pertra-Teiles auf den Rücken. Das vordere Kind sucht dieses Teil aus einem Krabbelsack heraus.

Gruppenspiele

Alle Kinder sitzen im Kreis. Sie schließen die Augen und geben einen vorher ausgewählten Teil des Spielsatzes „blind" weiter. Sie verändern ihre Stellung oder kommen in Bewegung, ohne daß die Weitergabe ins Stocken kommt.

Die Kinder legen ein großes Papier auf den Boden. Sie ordnen gemeinsam verschiedenste Pertra-Teile auf dem Papier so an, daß ein großes Bild entsteht. Dann tauchen sie jedes Teil in (leimverdünnte) Fingerfarbe und drücken es als Stempel auf dem vorgesehenen Platz ab. Sie erfinden gemeinsam eine „Fortsetzungs-Geschichte" zu ihrem Bild, an der alle miterzählen.

benötigte Zusatzmaterialien:

Fingerfarbe, Papier, Krabbelsack

eigene Ideen:

5.3 Spezielle Spielmöglichkeiten in Vorschule und Schule

Spezielle Förderung:	5.3.1 Mathematik
Förderschwerpunkt :	Pränumerischer Bereich

Hinweise:

Sicherheit in Mathematik setzt die Fähigkeit voraus, Merkmale zu erfassen, zu vergleichen und in Reihenfolgen anzuordnen, Mengen zu bilden, zu vergleichen und zu verändern, einen Zahlbegriff zu besitzen und Zahlbeziehungen zu erfassen, arithmetische Operationen zu beherrschen und geometrische Erfahrungen zu haben.

Spielmöglichkeiten:

Merkmale

Die Kinder fädeln „Farbenschlangen" aus Kugeln/Walzen/Scheiben auf Seile. Sie erfinden die Farbreihenfolge selber oder führen sie nach Vorlage oder Vorgabe (Würfel, Kreisel etc.) aus. Ähnliche Spiele erfinden sie mit Formen und Einlegebrettchen.

Die Kinder formen dünne Schlangen aus Knetmasse, die sie als Umrißlinie um Holzteile herumlegen. Sie nehmen die Brettchen heraus und legen sie in die Kreismitte. Dann würfeln/kreiseln/„klöppeln" (Kugelklopper) sie „Formen", nehmen das zugehörige Teil und legen es in sein „Haus" zurück.

Mit Kugelbolzen, Fähnchen etc. umsteckt das Kind eine Form und/oder umspannt sie mit Gummischnüren. Es legt eine Form auf seinen Arm und umfährt sie mit Creme. Es drückt den Umriß einer Form in Staniolpapier oder rubbelt sie mit Stiften/Fingerfarbe auf Papier ab.

Das Kind sucht alle Kugeln/Stäbe/ Lochscheiben und ordnet sie der Größe nach auf Stäben/Seilen an. Es setzt mit geschlossenen Augen eine große Kugel auf eine lange Stange, eine kleine auf eine kurze Stange (bis zu fünf Größen können gleichzeitig angeboten werden).

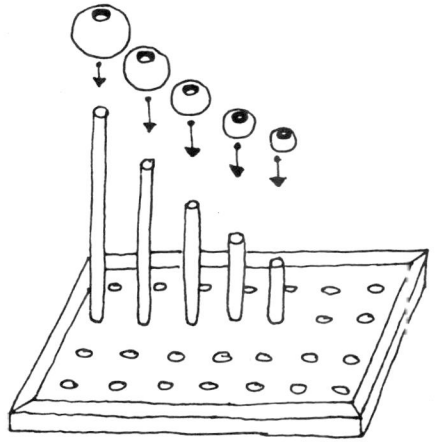

Mengen

Das Kind baut einen „Mengenbaum" mit „Ästen" (große Stange, Würfel und kurze Stangen). Auf diese Äste steckt es verschiedene vorher festgelegte Mengen aus gelochten Pertra-Teilen. Es vergleicht die Größen der Äste und Mengen und ordnet diese um. Es „pflückt" die Teile von den Ästen und legt je ein Teil einer Menge neben ein Teil einer anderen Menge.

Das Kind legt quadratische Einlegebrettchen auf zwei lange Einlegebretter. Es vergleicht die benötigte Menge an kleinen Brettchen durch Verbinden von je zwei Teilen mit Schnüren, schmalen Holzbrettchen oder Kreidestrichen.

In je eine kleine Holzkiste sortiert das Kind alle Kugeln und alle Walzen. Dann schätzt es den Mengeninhalt: Wo ist mehr/weniger? Es bindet je eine Kugel und eine Walze mit einer Schnur zusammen und vergleicht damit die Mengengrößen:

Wo bleibt etwas übrig? Es löst die Schnurverbindungen wieder und legt aus den Kugeln eine Reihe mit großen Abständen, daneben aus den Walzen eine Reihe mit kurzen Abständen. Welche Menge ist jetzt größer/kleiner?

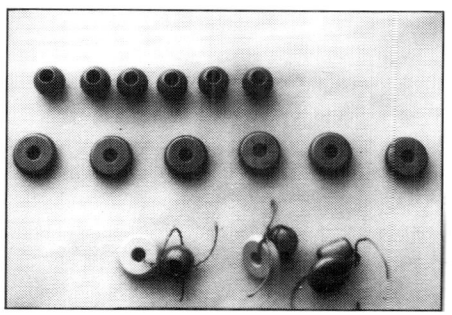

benötigte Zusatzmaterialien: Schnüre, Kreise, Creme, Fingerfarbe, Würfel

Spielmöglichkeiten:

Ziffern, Zahlen

Wir setzen in die Öffnungen der Kugeln passende Rundmagnete. Das Kind würfelt oder kreiselt eine bestimmte Zahl und setzt diese Anzahl Kugeln als „Wurm" aneinander. Es kennzeichnet den Kopf des „Wurmes" mit der entsprechenden Ziffer.

Das Kind baut eine aufsteigende „Treppe" aus Stangen und Kugeln, Walzen oder Scheiben. Auf jeden Stab setzt es eine Kugel mehr als auf den vorhergehenden. Es knetet die zugehörigen Ziffern und legt sie zur entsprechenden Treppenstufe.

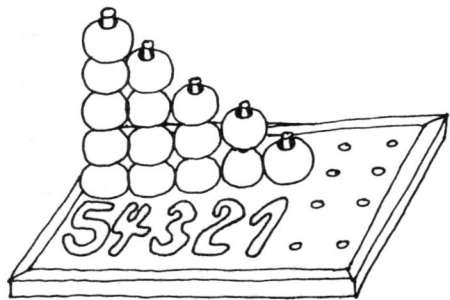

Die Kinder füllen verschließbare Säckchen mit jeweils einer anderen Anzahl gut tastbarer Pertra-Teile. Sie mischen die Säckchen, greifen sich eines, zählen die Teile durch Abtasten ab und bauen die zugehörige Ziffer aus rillengefrästen Brettchen.

Die Kinder würfeln/kreiseln eine Zahl und nehmen sich die entsprechende Anzahl an farbigen Einlegebrettchen. Jedes Kind versucht, ein Muster aus diesen Teilen zu gestalten. Alle vergleichen ihr Ergebnis, würfeln eine neue Zahl und vergrößern oder verkleinern ihr Bild.

Arithmetische Operationen

Das Kind steckt verschieden große Konusstangen in ansteigender Folge auf das Grundbrett. Es füllt jede Stange vollständig mit gleichen Holzteilen (z.B. Kugeln). Es vergleicht die Anzahl an Teilen, die es benötigt, um jede Stange vollständig füllen zu können. Es addiert oder subtrahiert diese Mengen.

Ein Kind stößt mit seinem Zeigefinger eine bestimmte Anzahl Löcher in ein weiches Papier, das auf dem Grundbrett liegt. Es nennt oder schreibt die Anzahl auf. Ein anderes Kind setzt eine weitere Menge Löcher hinzu und findet wieder die zugehörige Zahl. Die Kinder suchen zu beiden Ziffern verschiedene Rechenoperationen.

Die Kinder bauen aus den Einlegebrettchen sich vielfach kreuzende Wege und markieren jede Kreuzung mit ein oder zwei Ziffern. Sie lassen Autos mit hohen „Startnummern" auf den Straßen fahren und addieren (subtrahieren,

dividieren, multiplizieren) dabei immer die Kreuzungsnummer und die Startnummer.

Auf Fähnchen schreiben die Kinder je eine Zahl. Dann stecken sie diese in das Grundbrett und gestalten mit ihnen ein „Kugellabyrinth". Sie legen einen Startpunkt mit einem Zahlenwert fest und lassen eine Kugel durch Kippen und Bewegen der Platte an möglichst viele Fähnchen anstoßen. Sie merken sich die Zahlen dieser Fähnchen und führen mit ihnen Rechenoperationen aus.

Die Kinder bauen ein „Zehnerbrett" aus Grundbrett und Muldenknochen, Stangen, Walzen, Scheiben und/oder Kugeln. Sie nehmen dabei in bestimmten Schritten eine Untergliederung (z.B. durch einen Würfel) vor. Sie gestalten n der gleichen Art eine „Hunderterschlange" aus Seilen und Aufsteckteilen.

benötigte Zusatzmaterialien:
weiches Papier, Knetmasse, verschließbare Säckchen, Rundmagnete

eigene Ideen:

Hinweise:

Geometrische Grunderfahrungen werden im handelnden Spiel gewonnen. Das Kind erfaßt allmählich räumliche Beziehungen und versucht, sie zu verändern und darzustellen. Es erkennt Flächen und Körperformen und kann sie unterscheiden, beschreiben und wiedergeben. Es macht erste Erfahrungen mit der Symmetrie.

Spielmöglichkeiten:

Die Kinder legen aus rillengefrästen, bzw. bedruckten Einlegebrettchen verschiedene Linienbilder (z.B. Wellen-, Zick-Zack-, Mäanderlinie). Sie füllen die Rillen mit Bohnen, Erbsen, Sand oder Reis auf oder bedecken mit ihnen die gedruckte Linie.

Sie gestalten die gleichen Linienformen mit einem durch Draht verstärkten Seil, das im Grundbrett steckt, dreidimensional nach und fahren diese Form mit einer Kugel oder Walze ab.

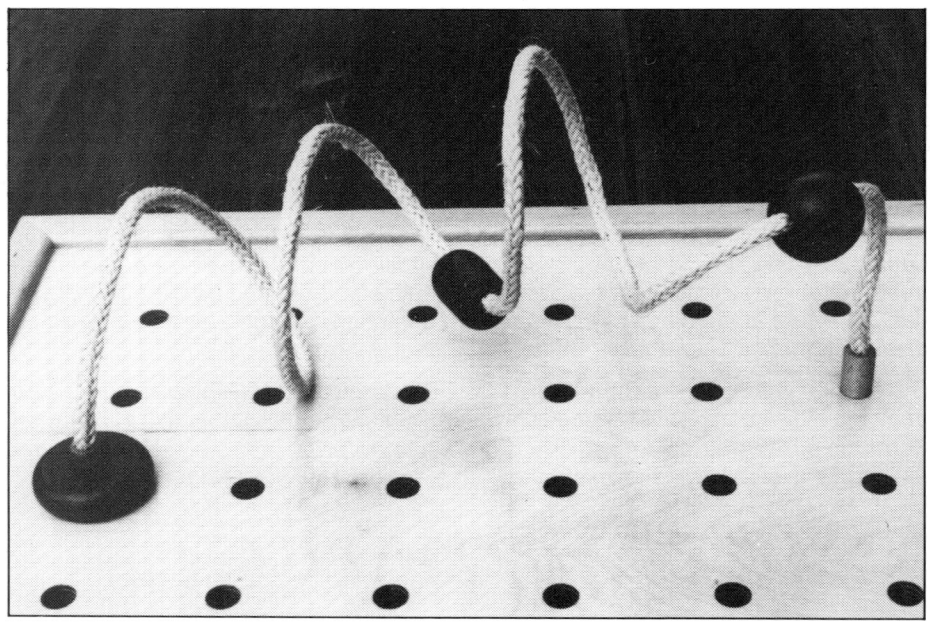

Jüngere Kinder fädeln „Schlangen" aus Kugeln auf ein Seil und legen diese in bestimmter Linienform auf den Boden. Ältere Kinder formen die vorher gelegten

Linien aus Knetmasse nach und zeichnen sie z.B. auf Papier oder in Sand, Ton, Gips, Lehm.

Ein Kind legt eine Flächenform (Kreis, Quadrat, Dreieck, Rechteck) aus farbigen oder rillengefrästen Einlegebrettchen. Ein anderes Kind baut die Form nach (mit und ohne Vorlage). Es verändert diese durch Zu- oder Wegnahme eines Holzteiles und läßt die Originalform durch das erste Kind wieder richtig stellen.

Die Kinder erfinden „Tangramspiele" aus einer bestimmten Anzahl von Holzteilen. Sie zeichnen den Umriß ihrer Form auf Papier nach und erstellen auf diese Weise „Vorlagen". Sie versuchen, fremde Vorlagen nachzubauen.

Spiegel- und Symmetriespiele erfinden die Kinder mit gleichen oder unterschiedlichen Formenteilen, die sie evtl. nach Anweisung mit geschlossenen Augen aus einem Krabbelsack heraussuchen und sehend vor einem Spiegel anordnen. Sie verändern ihre Spiegelformen, indem sie zwei Spiegel im rechten Winkel aneinanderstellen. Sie „ersetzen" den Spiegel durch eine auf das Grundbrett gespannte Gummischnur und finden selber die symmetrische Ergänzung der Form durch Holzteile.

Aus den dunkelbraunen Einsteckteilen und den Zeigern lassen sich unterschiedlich geformte Uhren erstellen. Die Kinder erlernen die vollen, halben und Viertelstunden, wenn sie mit den Teilstücken von Kreisen spielen.

benötigte Zusatzmaterialien:
Knetmasse, Spiegel, Krabbelsack, fester Draht, Papier Stifte

eigene Ideen:

Hinweise:

Lesenlernen kann nur erfolgreich gelingen, wenn das Kind über gut ausgebaute Wahrnehmungssysteme im taktil-kinästhetisch-vestibulären Bereich, im auditiven und visuellen Bereich und über eine angemessene Integrationsfähigkeit innerhalb dieser Bereiche verfügt. Die sprachliche Kompetenz muß entwickelt und ausgebaut sein. Das Kind muß Merkmale erfassen und Symbole verstehen können. Die Seitigkeitsentwicklung sollte allmählich zum Abschluß kommen.

Spielmöglichkeiten:

Die Kinder legen aus den rillengefrästen Teilen (ABC-Satz mitverwenden) alle ihnen bekannten Druckbuchstaben. Sie legen die Rillen mit Bleischnüren/Ketten aus Steckperlen etc. aus und halten sich dabei an den vorgeschriebenen Schreibablauf der Buchstaben („Startpunkte" z.B. mit Farbe/Knetmasse/gebohrtem Loch markieren und Bewegungsrichtung durch Pfeile angeben). Sie fahren die Buchstaben mit Autos, Männchen oder Kugeln nach.

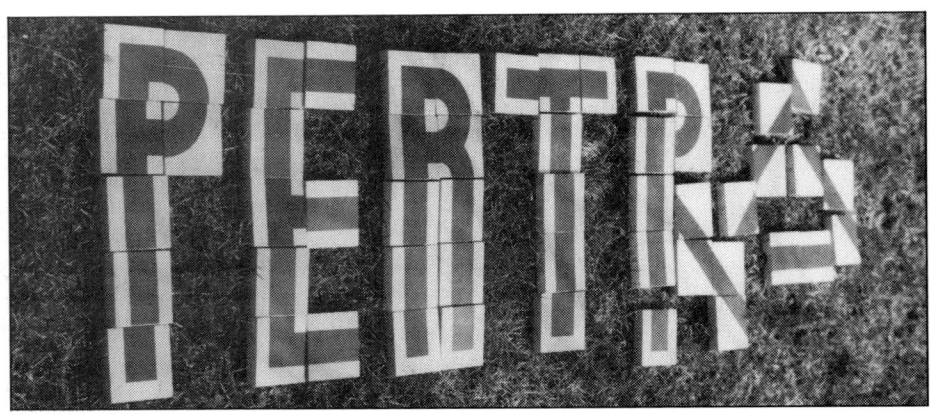

Die Kinder legen einen Buchstaben aus Einlegebrettchen und fertigen sich von ihm durch Umlegen der Gesamtform mit Knetmasse oder Umfahren mit Farbe eine „Vorlage" an. Sie geben die zu einem Buchstaben gehörenden Einlegebrettchen in einen „Krabbelsack" und suchen die Teile in der Abfolge des Schreibablaufes durch Ertasten wieder heraus.

Wir zeichnen gemeinsam mit dem Kind einen Buchstaben auf ein Blanco-Einlegebrettchen und markieren auf ihm etwa alle Zentimeter einen Punkt. Das Kind bohrt (z.B. mit Perbo) an den vorgegebenen Stellen Löcher in das Brettchen und setzt anschließend „Tast-Stöpsel" aus Pinselhaar, Hartgummi, Holz etc. ein. Es erspürt und erkennt den Buchstaben auch mit geschlossenen Augen.

Die Kinder setzen in das Grundbrett Fähnchen ein. Sie drehen die Teile so, daß ein vorher festgelegter Buchstabe entsteht. Ein „Sturm" kann die Fähnchen wieder verdrehen. Das Kind versucht, den Buchstaben (auch mit geschlossenen Augen) wieder zu erstellen.

Zwei Kinder stecken die Kugelbolzen in das Grundbrett. Ein Kind beginnt, eine Gummischnur so um die Bolzen zu schlingen, daß ein Buchstabe entsteht. Das andere Kind errät möglichst schnell, welcher Buchstabe gemeint sein könnte, und beendet hn nun seinerseits.

Aus Stangen und Verbindungsteilen wie Würfeln, doppelseitig gebohrten Konuskugeln, Gummischläuchen etc. konstruieren die Kinder großräumige Buchstaben. Sie bauen die Buchstaben im Raum auf und erfinden mit ihnen und anderen (Pertra-)Teilen „Hindernis-Bahnen" und „Balancierstraßen". Beim Spielen benennen sie immer den Buchstaben, den sie gerade durchlaufen.

Die Kinder verwenden die Kugelbolzen etc. als „Stempel". Sie tauchen sie in Fingerfarbe und drucken mit ihnen Buchstaben auf den eigenen Körper oder ein großes Papier.

benötigte Zusatzmaterialien:

Fingerfarben, Papier, Stifte, Knetmasse, Tast-Stöpsel, Bohrer, Krabbelsack, Bleischnüre, Steckperlen

eigene Ideen:

141

Spielmöglichkeiten:

Wörter

Auf dem Grundbrett legen die Kinder Straßen mit Kreuzungen und „Haltestellen" (evtl. Brettrand mit einbeziehen) an. Sie kleben an die Hälfte der „Haltestellen" Bilder von Dingen, an die anderen „Haltestellen" Aufkleber mit den zugehörigen

Namenwörter. Sie lassen Autos (Männchen, Kugeln etc.) von Bild zu Namenwort fahren.

Ein Kind schaukelt in Bauchlage auf einem aufgehängten Grundbrett. Unter ihm liegen Einlegebrettchen, die mit Wörtern beschriftet sind. Ein zweites Kind zeigt kurz ein Bild oder nennt leise ein Wort. Das „fliegende" Kind versucht, während des Schaukelns das Brettchen mit dem passenden Wort zu finden, zu greifen und dem anderen Kind zur Überprüfung zu reichen.

Die Kinder bauen aus bunten Einlegebrettchen und anderen Pertra-Teilen eine „Balancierstraße". Sie unterlegen alle Brettchen mit einem geschriebenen Wort oder beschriften die Brettchen. Am Zielpunkt stellen sie Kästen auf, die mit Oberbegriffen markiert sind. Jedes Kind startet in einer festgelegten Fortbewegungsart. Auf ein akustisches Signal hin bleibt es stehen, hebt das ihm zunächst liegende Brettchen auf, liest das Wort und ordnet es am Ziel der richtigen Kiste zu.

Sätze

Die Kinder bauen aus Grundbrett/Kistendeckel, Stangen, Würfeln und langen Holzstangen „Rollbretter". Jedes Kind erfindet einen Satz/Unsinnsatz und schreibt die einzelnen Wörter des Satzes auf je eine Holzkugel. Dann verteilen die Kinder diese Kugeln im ganzen Raum. Jedes Kind nimmt eine Holzstange, fährt auf dem Rollbrett zu „seinen" Satzteil-Kugeln und spießt diese in der richtigen Reihenfolge auf seine Stange. Es liest den entstandenen Satz vor.

Auf den Rand des Grundbrettes werden verschiedenste Wörter geschrieben, die zu Sätzen zusammengebaut werden können. Das Kind liest die Wörter und erfindet aus einigen von ihnen einen Satz. Es nimmt Steckrundhölzer/Kugelbolzen und setzt sie vor diese Wörter. Dann verbindet es die Bolzen in der richtigen Reihenfolge durch Gummischnüre.

Mit dem Kind werden bestimmte Symbole (Farben/Formen aus dem Pertra-Satz) für Satzteile vereinbart. Das Kind erfindet einen kurzen Satz und „legt" ihn in Form der Symbole in einer waagerechten Linie aus. Es schreibt Wortkärtchen und ordnet sie den Symbolen zu.

benötigte Zusatzmaterialien:

Papier, Stifte, Aufkleber, Schaukelseil, Deckenhaken

eigene Ideen:

Hinweise:

Noch stärker als das Lesenlernen setzt das Erlernen der Schriftsprache gut funktionierende Wahrnehmungssysteme, eine ausgereifte Motorik, ein differenziertes Körperschema und einen altersgemäßen Spracherwerb voraus. Sechsjährige Kinder gewinnen einen leichteren Zugang zu den Bewegungsabläufen der Schrift, wenn sie diese in groß- und kleinräumigen Spielsituationen vielfältig üben und ständig schriftspezifisch wiederholen können. Sie müssen in verschiedensten Spielsituationen angeregt werden, ihre Handmotorik unbewußt weiter zu entwickeln und ihre Auge-Hand-Koordination zu verfeinern. Vor allen aber müssen sie Spaß am Aufschreiben bekommen und nicht aus Angst vor ständigen Hinweisen auf Fehler irgendwelcher Art vor dem Schreiben zurückschrecken.

Spielmöglichkeiten:

Die Kinder legen aus Pertra-Teilen gerade Linien, Wellenlinien, Zick-Zacklinien, Girlanden oder Arkaden. Sie gehen diese Linien in verschiedenen Fortbewegungsarten ab, merken sie sich und versuchen, sie aus Knetmasse nachzugestalten.

Wir ziehen in die langen Seile festen Draht. Das Kind formt aus den Schnüren Spirallinien, Zickzacklinien etc. Es hält diese „Schlangen" senkrecht hoch und läßt Kugeln, Walzen oder Scheiben hinunterrutschen. Es hält sie waagerecht und führt dabei die Kugeln mit der einen Hand, während es mit der anderen Hand das Seil hält.

Das Kind verbindet mit wasserlöslichem Folienstift die Löcher des Grundbrettes durch möglichst gerade Striche. Es beginnt dabei links und zieht die Linien nach rechts, nach oben, nach unten. Es gestaltet aus den Löchern „Sonnen-" oder „Regenschirme". Es übt dabei waage-rechte, senkrechte, schräge und bo-genförmige Linienführung.

Wir spannen mit Kugelbolzen und ver-schiedenfarbigen Gummischnüren auf dem Grundbrett Kreise, Quadrate und Rechtecke auf. Durch jede Schnur wird eine Kugel gezogen. Das Kind spurt mit der Kugel die jeweilige Form nach und läßt sich dabei nicht von kreuzen-den Schnüren ablenken.

Die Kinder kreiseln einen Buchstaben mit dem beschrifteten Sechskantkrei-sel. Sie legen diesen Buchstaben aus Kunststoff- oder bedruckten Holzein-legebrettchen und spuren ihn mit feuchter Kreide nach.

Die Kinder spielen „Geheimnachrich-ten". Sie schreiben ein Wort oder einen Satz auf ein Blatt Papier, rollen es eng zusammen und stecken es einem an-deren Kind durch ein Loch des Grundbrettes zu. Dieses liest den „Auftrag", führt ihn aus und schreibt selber eine Nachricht. Die Kinder können auf die gleiche Weise das Brett als „Wunschzettel-Brett" gestalten und mit ihren „Wünschen" füllen.

benötigte Zusatzmaterialien:
Papier, Stifte, Kreide, wasserlöslicher Stift, Knetmasse

eigene Ideen:

Hinweise:

Kinder benötigen ab einem bestimmten Alter zusätzlich zum kreativen Freispiel Regelspiele. Die Familie oder Spielgruppe bietet dazu die beste Voraussetzung. Das Kind sollte dabei möglichst oft eigene Regeln „erfinden" und durchführen, eigene „Spielpläne" erstellen und eigene „Anordnungen" erproben.

Spielmöglichkeiten:

Bekannte Spielformen variieren

Folgende herkömmliche Spielformen lassen sich mit dem Pertra-Material u.a. leicht durchführen:

Lotto: Teile als Vorlage („Lottokarte") anordnen; gleiche Teile suchen und der Vorlage zuordnen;

Memory: in jeder Runde die gleiche Anzahl Teile anschauen, anhören, ertasten, erschnuppern etc. und sich merken; je zwei gleiche Teile einander zuordnen;

Domino: Einlegeteile, Muldenknochen etc. als Dominosteine gestalten (taktil, visuell); mischen und verteilen; gleiche Teile anlegen;

Puzzle: „Vorlage" aus Pertra-Teilen anfertigen (taktil, visuell, auditiv), mischen und erneut anordnen;

Tangram: farbige Einlegebrettchen auswählen und Figuren erfinden; Vorlagen davon anfertigen; Teile mischen und Figuren erneut (nach-)legen;

„magische Quadrate":	quadratische Einlegebrettchen mit entsprechenden Zahlen beschriften und evtl. auf Grundbrett anordren; (s.u.a. *Delft, van P.*, 1977);
Mühle:	Grundbrett mit doppelter Anzahl an Bohrungen als Spielbrett und Kugelbolzen als Spielsteine verwenden
„Knobelturm":	3 Holzstäbe, 5 unterschiedlich große Lochscheiben auf dem Grundbrett/ 4-Loch-Brett; (s. u.a. Hoerz-Produkte);
„Vier gewinnt":	Grundbrett, Holzstangen, Kugeln/Ringe;
Fadenspiele, Schnurspiele:	Gummischnüre, evtl. mehrere verknoten;
„Bohnenspiel":	Grundbrett, 14 Einlegebrettchen mit Rundaussparung, kleine Holzkugeln oder Erbsen/Bohnen;

Bei allen Spielen sollte das Kind angeregt werden, nicht nur die bekannte, meist visuell ausgerichtete Spielform zu finden, sondern auch andere Sinnesbereiche einzusetzen wie Riechen, Schmecken, Tasten. Die Bewegung kann ebenfalls in fast jedes Spiel eingebracht werden und erweitert so die bekannten Spielformen.

eigene Ideen:

Spielmöglichkeiten:

Spielpläne

Spielpläne und -anordnungen lassen sich auf dem Grundbrett erstellen und damit gut auf dem Boden benutzen. Sie können auch in Form von langen „Straßen", „Wegen" oder als räumliche Konstruktionen erscheinen, und damit die großräumige Bewegung stärker einbeziehen. Für eine feste Verbindung der Teile untereinander ist dabei unbedingt Sorge zu tragen (z.b. durch Tesafilm, Magnetpunkte, Klebepunkte, Holzdübel, rutschfeste Unterlagen etc.).

Symbole, Markierungen als Teil einer Spielregel

Jedes Regelspiel enthält besonders gekennzeichnete Felder oder Teile. Als Symbole oder Markierungen eignen sich u.a.:

1. taktile Erkennungsmarken wie
   — in Löcher eingesetzte Holz-, Kunststoff-, Pinsel-, Gummistöpsel,
   — Tastpunkte aus Stoff, Fell, Schaumstoff, Sandpapier, Folie,
   — mit Klebepunkten aufgesetzte kleine Gegenstände, z.B. Tiere aus Belebungsmaterial.
2. Farben und Formen, die nur für bestimmt Aufgaben reserviert sind.
3. Geräusche, Töne oder Laute, die als akustische Signale gelten.
4. Buchstaben oder Ziffern, die aufgetragen/unterlegt werden.

Würfel als „Auswähler"

Der Würfel dient oft als weiteres Teil einer Spielregel. Er kann in der herkömmlichen Form verwendet werden oder durch andere Handhabung ersetzt bzw. gegen andere „Auswähler" ausgetauscht werden.

Würfel:	Würfel drehbar auf eine Holzstange setzen; „Auswahl-Seite" festlegen; Markierungen aufsetzen; drehen;
Kugel:	mit Symbolen beschreiben; langes Einlegebrett mit Fräsung an einer Seite mit Knetmasse absperren; Kugel bis zum Ende rollen lassen; nach oben zeigendes Symbol ablesen;
Zeiger:	dunkelbraunes Einsteckteil mit Markierungen belegen; Zeiger aufsetzen und schnell rotieren lassen; ablesen;
Scheibe/ Zahnrad:	locker auf Holzstab befestigen; mit Markierungen versehen und „Ablesepunkt" am Stab festlegen; drehen;
Kreisel:	Sechskantkreisel, dunkelbraune Einsteckteile; alle Scheiben, die mit dem Gewinde des Sechskantkreisels verbunden werden; mit Symbolen versehen; kreiseln;

Spielsteine Chips

Spielsteine werden in vielen Gesellschaftsspielen benötigt, um den momentanen Spielstand jedes einzelnen Spielers festzuhalten und anzuzeigen. Je nach Spielanordnung können dafür z.b. Männchen, Autos, Klammern, Kugeln, Stöpsel, Stangen/Seile mit aufgesetzten Kugeln als Wertmarken/-chips verwendet werden.

eigene Ideen:

Literaturverzeichnis

Affolter, F./Stricker, E.: Perceptual processes as prerequisites for complex human behaviour. Bern 1980.

Ayres, J.: Bausteine der kindlichen Entwicklung. Berlin 1984.

Brack, U. (Hg.): Frühdiagnostik und Frühtherapie. Weinheim/München 1986.

Brand, I./Breitenbach, E./Maisel, V.: Intergrationsstörungen, Diagnose und Therapie im Erstunterricht. Würzburg 1985.

Brand, I./Breitenbach, E./Maisel, V.: Erziehung und Förderung in den schulvorbereitenden Einrichtungen für behinderte Kinder. Würzburg 1987.

Breitenbach, E.: Neurophysiologische und entwicklungspsychologische Grundlagen von Integrationsstörungen, in: *Akademie für Lehrerfortbildung Dillingen* (Hg.), Sprach- und Entwicklungsverzögerungen Band 1. Dillingen 1986.

Burgmayer, St.: Störungsmodelle der Entwicklung, in: *Brack, U.,* Frühdiagnostik und Frühtherapie. Weinheim/München 1986.

Christian, P.: Studien zur Willkürmotorik, I über die Objektbildung in der Motorik. Dtsch. Z. Nervenheilk. 167, 1952.

Eisert, H.: Entwicklung und Störung der Vigilanzfunktion, in: *Remschmidt, H.* und *Schmidt, M.* (Hg.), Neuropsychologie des Kindesalters. Stuttgart 1981.

Flehmig, I.: Normale Entwicklung des Säuglings und ihre Abweichungen. Stuttgart/New York 1973.

Frankenburg, W./Doods, J.: Denver Entwicklungsskalen. J. Pediat. 1971.

Grohnfeldt, M.: Störungen der Sprachentwicklung. Berlin 1982.

Haupt, U.: Integrierte Bewegungsförderung, in: *VDS,* Bewegen, Erleben, Lernen. Nienburg 1985.

Hellbrügge, T. u. a.: Münchener funktionelle Entwicklungsdiagnostik. München/Weinheim 1978.

Hellbrügge, T./Wimpffen, J. H.: Die ersten 365 Tage im Leben eines Kindes. München 1973.

Heckhausen, H.: Entwurf einer Psychologie des Spielens, in: *Flitner, A.,* Das Kinderspiel. München 1978.

Kessen, W.: Research design in the study of develop mental problems, in: *Mussen, P.* (Hg.), Handbook of research methods in child development. New York 1960.

Kephart, N.: Das lernbehinderte Kind im Unterricht. München/Basel 1977.

Kiphard, E. J.: Motopädagogik, Dortmund 1979.

Mussen/Conger/Kagan: Lehrbuch der Kinderpsychologie. Stuttgart 1976.

Piaget, J.: Das Erwachen der Intelligenz. Stuttgart 1969.

Piaget, J.: Psychologie der Intelligenz. Freiburg 1972.

Scherler, K.: Sensomotorische Entwicklung und materiale Erfahrung. Schorndorf 1979.

Schilling, F.: Entwicklung der Motorik, in: *Remschmidt, H./Schmidt, M.* (Hg.), Neuropsychologie des Kindesalters. Stuttgart 1981.

Schmidt, M.: Entwicklung kognitiver Funktionen, in: *Remschmidt, H./Schmidt, M., Neuropsychologie des Kindesalters. Stuttgart 1981.*

Vojta, V.: Die zerebralen Bewegungsstörungen im Säuglingsalter. München 1981.

Weiterführende Literatur

Akademie für Lehrerfortbildung: Sprach- und Entwicklungsverzögerungen, Diagnostik und Förderung im (vor-)schulischen Bereich. Band 1, 2, Dillingen 1986.

Ayres, J.: Lernstörungen, sensorisch-integrative Dysfunktionen. Berlin 1979.

Bandura, A.: Sozial-kognitive Lerntheorie Stuttgart 1979.

Bierbaumer, N.: Physiologische Psychologie. Berlin 1975.

Bredenkamp, J./Wippich, W.: Lern- und Gedächtnispsychologie, Bd. 1, 2. Stuttgart 1977.

Dt. Gesellschaft für Sprachheilpädagogik: Zentral bedingte Kommunikationsstörungen. Ravensburg 1985.

Dt. Gesellschaft für Sprachheilpädagogik: Spracherwerb und Spracherwerbsstörungen. Hamburg 1987.

Feldkamp/Danielcik: Krankengymnastische Behandlung der cerebralen Bewegungsstörung. München 1982.

Flehmig, I./Stern, L. (Hg.): Kindesentwicklung und Lernverhalten. Stuttgart/New York 1936.

Frostig, M./Maslow, Ph.: Lernprobleme der Schule. Stuttgart 1978.

Frostig, M./Müller, H. (Hg.): Teilleistungsstörungen – ihre Erkennung und Behandlung bei Kindern. München 1981.

Grissemann, H.: Hyperaktive Kinder. Bern 1986.

Hellbrügge, T. (Hg.): Klinische Sozialpädiatrie. Berlin 1981.

Hilgard, E./Bower, G.: Theorien des Lernens 1, 2. Stuttgart 1971.

Holtstiege, H.: Modell Montessori, Grundsätze und aktuelle Geltung der Montessori-Pädagogik. Freiburg/Basel/Wien 1981.

Johnson, D./Myklebust, H.: Lernschwächen, ihre Formen und ihre Behandlung. Stuttgart 1971.

Luria, A.: The working brain. Harmondsworth 1980.

Milz, J.: Emotionale Störungen in ihren Beziehungen zu Teilleistungsschwächen. Berlin 1980.

Oerter, R./Montada, L.: Entwicklungspsychologie. München 1982.

Poeck, K./Orgass, B.: Die Entwicklung des Körperschemas bei Kindern im Alter von 4 bis 10 Jahren. Neuropsychologie 1964, 2, 109 – 130.

Poeck, K.: Klinische Neuropsychologie, Stuttgart 1982.

Redlin, W.: Verhaltenstherapie. Möglichkeiten und Grenzen ihrer Anwendung. Bern 1977.

Sinz, R.: Neurobiologie und Gedächtnis. Stuttgart 1979.

Szagun, G.: Sprachentwicklung beim Kind. München 1983.

Tarnopol, L.: Neurogene Lernstörungen München 1981.

Touwen, B.: Die Untersuchung von Kindern mit geringen neurologischen Funktionsstörungen. Stuttgart/New York 1982.

Verband Deutscher Sonderschulen e.V. (Hg.): Bewegen, Erleben, Lernen. Nienburg 1985.

Literatur zum PERTRA-Spielsatz

Budde, E.: Das Spiel als Element der Förderung perzeptiver, kreativer und motorischer Fähigkeiten mit Hilfe des PERTRA-Spielsatz (unveröffentl. Diplomarbeit). Fulda 1986.

Dinkelacker, H.: Möglichkeiten mithilfe des PERTRA-Spielsatzes Störungen der Wahrnehmung und der Motorik bei Kindern im Sonderschulkindergarten zu erkennen und zu versuchen, diese über Spielformen zu beheben (unveröffentl. Diplomarbeit). Bad Cannstatt 1986.

Märzbacher, E.: PERTRA-Probe (unveröffentl.). Königstein/Taunus.

Mross, H.: Übungen zur Förderung der Motorik, Wahrnehmung und Sprache mit dem PERTRA-Spielsatz. München.

Schmitz, G.: Wahrnehmungstraining mit dem PERTRA-Spielsatz. Marburg 1980.

Förderprogramme, Förderanregungen

die sich z. T. mit dem PERTRA-Spielsatz realisieren lassen.

Brand, I./Breitenbach, E./Maisel, V.: Integrationsstörungen, Diagnose und Therapie im Erstunterricht. Würzburg 1985.

Brand, I./Breitenbach, E./Maisel, V.: Erziehung und Förderung in den schulvorbereitenden Einrichtungen für behinderte Kinder. Würzburg 1987.

Brand, I./Breitenbach, E.: Tollpatschig, ungeschickt und viele Fehler im Diktat. Sportpäd. 4, 1987.

Callies, E./Döpp, W. u. a.: Spiel- und Lernladen für Vorschulkinder. Stuttgart 1977.

Delft, P. van: Denkspiele der Welt. München 1977.

Eggert, D.: Psychomotorisches Training. Weinheim 1975.

Ehrlich, P./Heimann, K.: Bewegungsspiele für Kinder. Wie ein Kind in seiner Entwicklung gefördert werden kann. Dortmund 1982.

Frostig, M.: Bewegen – Wachsen – Lernen, Bewegungserziehung. Hannover 1972.

Frostig, M.: Visuelle Wahrnehmungsförderung, Band 1, 2, 3. Dortmund 1972.

Frostig, M.: Individualprogramm zur visuellen Wahrnehmungsförderung. Dortmund 1972.

Heermann, M.: Schreibbewegungstherapie. Bielefeld 1965.

Horsch/Ding: Sensomotorisches Vorschulprogramm. Heidelberg 1981.

Kiphard, E.: Motopädagogik. Dortmund 1982.

Kiphard, E.: Mototherapie, Teil 2. Dortmund 1983.

Löscher, W.: Bewegungsspiele zur Förderung der Feinmotorik. München 1979.

Löscher, W.: Riech- und Schmeckspiele, sinn-volle Frühpädagogik. München 1983.

Löscher, W. (Hg.): Sand und Wasser, Spiele – Geschichten – Reime – Bilder. München 1984.

Mertens, K.: Körperwahrnehmung und Körpergeschick. Dortmund 1986.

Miedzinski, K.: Die Bewegungsbaustelle, Kinder bauen ihre Bewegungsanlässe selbst. Dortmund 1983.

Montessori-Vereinigung e.V. Aachen: Montessori-Material Teil 1. Zehlheim/Niederlande 1978.

Müller, H.: Optisches Differenzierungs- und Konzentrationstraining. Hamburg 1982.

Naville, S./Marbacher, P.: Vom Strich zur Schrift. Zürich 1980.

Oy, C. M. von: Montessori-Material zur Förderung des entwicklungsgestörten und behinderten Kindes. Ravensburg 1978.

Pausewang, E.: Spiele zur Förderung der Kreativität im Vorschulalter. München 1983.

Precop, J.: Wahrnehmungsübungen im Bereich des Tastsinnes und des Bewegungssinnes. Fachverband des Diakonischen Werkes der EKD 1982.

Reinartz A./Reinartz, E.: Wahrnehmungsförderung behinderter und schulschwacher Kinder. Berlin 1979.

Seitz, R.: Ästhetische Elementarbildung – ein Beitrag zur Kreativitätserziehung. Donauwörth 1974.

Seitz, R. (Hg.): Seh-Spiele, Sinn-volle Frühpädagogik. München 1982.

Seitz, R. (Hg.): Tastspiele, Sinn-volle Frühpädagogik. München 1983.

Straßmeier, W.: Frühförderung konkret. Basel 1981.

Sinnhuber, H.: Spielmaterial zur Entwicklungsförderung, Dortmund 1982.

Sinnhuber, H.: Optische Wahrnehmung und Handgeschick. Dortmund 1983.

Zöller, G.: Musik und Bewegung im Elementarbereich – ein Beitrag zur Kommunikations- und Kreativitätserziehung. Donauwörth 1974.